RESSIGNIFICANDO O SOFRIMENTO

Dep-Anon Brasil®

Editora Appris Ltda.
1.ª Edição - Copyright© 2024 do autor
Direitos de Edição Reservados à Editora Appris Ltda.

Nenhuma parte desta obra poderá ser utilizada indevidamente, sem estar de acordo com a Lei nº 9.610/98. Se incorreções forem encontradas, serão de exclusiva responsabilidade de seus organizadores. Foi realizado o Depósito Legal na Fundação Biblioteca Nacional, de acordo com as Leis nos 10.994, de 14/12/2004, e 12.192, de 14/01/2010.

Catalogação na Fonte
Elaborado por: Dayanne Leal Souza
Bibliotecária CRB 9/2162

S471r
2024
	Semería Maurente, Leonardo Alfredo
	    Ressignificando o sofrimento: Dep-Anon Brasil® / Leonardo Alfredo Semería Maurente. – 1. ed. – Curitiba: Appris, 2024.
	    109 p. : il. ; 21 cm.
	
	    Inclui referências.
	    ISBN 978-65-250-6290-7
	
	    1. Depressão mental. 2. Ansiedade. 3. Depressivos anônimos. I. Semería Maurente, Leonardo Alfredo. II. Título.
	
	                                                              CDD – 616.8527

Editora e Livraria Appris Ltda.
Av. Manoel Ribas, 2265 – Mercês
Curitiba/PR – CEP: 80810-002
Tel. (41) 3156 - 4731
www.editoraappris.com.br

Printed in Brazil
Impresso no Brasil

Leonardo Alfredo Semería Maurente

RESSIGNIFICANDO O SOFRIMENTO

Dep-Anon Brasil®

Appris editora

Curitiba, PR
2024

FICHA TÉCNICA

EDITORIAL	Augusto Coelho
	Sara C. de Andrade Coelho
COMITÊ EDITORIAL	Ana El Achkar (UNIVERSO/RJ)
	Andréa Barbosa Gouveia (UFPR)
	Conrado Moreira Mendes (PUC-MG)
	Eliete Correia dos Santos (UEPB)
	Fabiano Santos (UERJ/IESP)
	Francinete Fernandes de Sousa (UEPB)
	Francisco Carlos Duarte (PUCPR)
	Francisco de Assis (Fiam-Faam, SP, Brasil)
	Jacques de Lima Ferreira (UP)
	Juliana Reichert Assunção Tonelli (UEL)
	Maria Aparecida Barbosa (USP)
	Maria Helena Zamora (PUC-Rio)
	Maria Margarida de Andrade (Umack)
	Marilda Aparecida Behrens (PUCPR)
	Marli Caetano
	Roque Ismael da Costa Güllich (UFFS)
	Toni Reis (UFPR)
	Valdomiro de Oliveira (UFPR)
	Valério Brusamolin (IFPR)
SUPERVISOR DA PRODUÇÃO	Renata Cristina Lopes Miccelli
PRODUÇÃO EDITORIAL	Sabrina Costa
REVISÃO	Marcela Vidal Machado
DIAGRAMAÇÃO	Ana Beatriz Fonseca
CAPA	Carlos Pereira
REVISÃO DE PROVA	Sabrina Costa

Ansiedade

Simplesmente acontece.

Começa com o coração acelerando.

Depois fico ofegante, sinto que existe algo.

Algo que está prestes a me machucar.

O frio na barriga faz o tempo parar.

Mil pensamentos invadem minha cabeça,

todos dizendo a mesma coisa:

tudo dará errado.

Ygor Mukovski

*À minha família — irmãs, cunhados, sobrinhos
e sobrinhos-netos —, pela paciência e generosidade.*

*Aos filhos e netos que a vida me concedeu, por "pater patratus":
Éder Heck, Jeferson da Costa, Malu, Adrian, Thaisa e Jorge.*

*Ao Gilberto, que não conseguiu esperar
"só mais um pouco" (in memoriam).*

A meus pais, Nélida e Héctor (in memoriam), meus padrinhos Javier
(in memoriam) e Raquel e meus inesquecíveis mestres: Pe. Haroldo,
S. J. e professor Olavo Pimentel de Carvalho (in memoriam).

AGRADECIMENTOS

Aos cofundadores do Dep-Anon Brasil®, Pedro Henrique Antunes Pinto e Henrique Bento da Silva.

Aos mestres irmão José Ivo Ullerich, fsc e dom José Palmeiro Mendes, osb.

À AMORJI, na pessoa de seu presidente, Celso Sabedot.

À minha paciente e resiliente psiquiatra, Dr.ª Jeanete Rezer.

Aos meus benfeitores e amigos, Guilherme Sperb, Leandro Heck, Lucinei e Luiz Spessato, Emílio Michels, Moisés da Rosa, Guilherme Ferdinando, Cristhian Arnould, Custódio Martins, Carla Gewehr, Genuíno Spessato, Francisco Comparsi, Tiago Silva, Alexander Jacobi, Wendel Galvão, Ana Paula Jacobi, Matheus Manoel, Mateus Lopes Soares...

Ao meu irmão em São Bento, Rafael Sobucki e à Mariane.

Aos meus mentorados, Ygor Moreira, Guilherme Iuri, Nicholas Castro e Kelvin Cardoso.

Ao padre Rodrigo Wegner da Costa, pela gentileza de escrever o prefácio deste livro, pelas homilias que me inspiraram e por atender pacientemente minhas confissões.

Aos patrocinadores José Humberto Borges, Leandro Nunes, Rogério Lindermann, Celso Sabedot, Djovany Oltramari, Vilmar Trevisol, Gilberto Duarte, Angelo Sales Machado e Michele Vieira Escotto.

Ao Brasil, que há exatos 50 anos recebia a família Semería entre os seus e possibilitou uma nova e exitosa história familiar.

Ao meu Poder Superior, na forma em que eu o concebo: Jesus Cristo, Senhor e Salvador.

APRESENTAÇÃO

O sofrimento faz parte da vida de todo ser animado. Animais e plantas também sofrem, mas somente o ser humano se pergunta o porquê, qual o sentido último de seu sofrimento. Correntes filosóficas, psicológicas e teológicas tentaram, com o passar dos séculos, a partir dos filósofos gregos, responder a esta questão: por que sofremos? Ou, mais especificamente, "por que eu sofro?". Exponente máximo desse dilema encarnado em nosso tempo é a depressão. Antes conhecida por "melancolia", foi fundamento do romantismo e até mesmo desejada, como culminância de uma carreira literária curta, mas profícua. Foi objeto das filosofias e teologias de mestres medievais como Tomás de Aquino, místicos da grandeza de Teresa de Jesus, São João da Cruz e São João Paulo II e pensadores modernos, como Nietsche e Schopenhauer. Mas ninguém lhe deu mais significado ou ressignificado que Jesus Cristo, ao afirmar que "devemos carregar nossas próprias cruzes". Aquele que carregou, e amou a sua cruz, para escândalo de seus conterrâneos, abriu um caminho para que toda a humanidade encontre em Seu sofrimento o significado de todo sofrimento: superação, resiliência e amor incondicional ao próximo. Os 12 passos de Dep-Anon Brasil®, que expomos por meio desta singela obra, é uma forma de viver o caminho aberto há dois mil anos pelo "Servo Sofredor", nos passos de Bill e Bob, fundadores dos Alcoólicos Anônimos e hoje adaptados para nós, depressivos e deprimidos anônimos, que queremos entender nossa doença, trilhar o caminho da recuperação e parar de nos entristecer. Você não está sozinho; juntos somos mais fortes!

PREFÁCIO

Este livro chega num momento importante de nossa história, pois nunca antes tivemos tantos casos de pessoas ansiosas ou deprimidas. De acordo com a organização Mundial da Saúde (OMS), cerca de 10% da população mundial sofre de algum transtorno e o Brasil lidera esse *ranking* de ansiedade e depressão em nossa América Latina. Seja o isolamento social que vivemos, com a perda de entes queridos provocada pela Covid-19 ou mesmo por vivermos em um país com tantas faltas de políticas públicas e problemas de violência, tudo isso aumenta os casos de depressões e neuroses. A problemática relacionada ao número grande de violência nos centros urbanos gera insegurança, promove o isolamento das pessoas e o sentimento de desconfiança em relação aos outros. Tudo isso só faz crescer o sentimento de ansiedade em relação à vida e, como resultado, crescem também doenças psíquicas. Nenhuma outra sociedade experimentou um sentimento constante e crescente de ansiedade e depressão do que a sociedade contemporânea. A depressão é um dos transtornos mentais mais frequentes e constitui, hoje, um problema de saúde pública. Uma pessoa está deprimida, ela está tristonha, chorando com ou sem razão, sem atividade. Só fala de assuntos desagradáveis ou do passado triste. Todas as coisas boas da vida são esquecidas e muitas vezes o doente não se cuida, recusa-se a tomar banho e a manter outros hábitos de higiene, afasta-se das pessoas e dos amigos.

Para contribuir no tratamento e na cura, eis que surge o Dep-Anon Brasil®, ou Depressivos e Deprimidos Anônimos, uma irmandade de pessoas que compartilham sua experiência, força e esperança umas com as outras para que possam resolver seu problema comum e ajudar outras pessoas a se recuperarem da depressão. É uma comunidade de interesse, na qual você não está sozinho em sua luta contra a depressão. Falar com alguém leva a uma maior proximidade e uma profunda compreensão da dor do outro e da minha dor. Nessa conversa, partilhando a minha dor e ouvindo a dor do outro, podemos lidar e aceitar nossas limitações e defeitos. Eu percebo que o outro pode ver minhas fragilidades sem se assustar ou sem ter repulsa, mas se colocando diante de mim e eu do outro como uma pessoa que busca se conhecer, aceitar nossas dificuldades e trabalhar nossos conflitos sem julgamentos, pois quando o sofrimento bater em nossa porta é melhor abrir. Resistir, se isolar, negar é apenas um jeito de fugir do que mais cedo ou mais tarde teremos que enfrentar. A interação social, participar de grupos que se reúnem, ajuda muito a driblar a depressão. Também a fé nos ajuda a tomar atitudes positivas diante de uma situação irrevogável, como a morte, uma doença grave, uma crise financeira etc., e nos faz olhar a vida e a morte sob outra perspectiva, a perspectiva da imortalidade, da felicidade eterna. A consciência religiosa fomenta a compreensão humana, a generosidade, a eliminação da culpa, a aceitação das imperfeições próprias e dos outros. Ajuda-nos a assumir os verdadeiros valores, a perdoar, a amar, a eliminar as mágoas, a sermos mais humildes, a deixar de ser o centro do mundo e a vencer o egocentrismo. Assim, ajuda-nos a nos apoiarmos mais em Deus, que nos mostra o sentido pleno de nossa vida.

Padre Rodrigo Wegner da Costa

Presbítero da arquidiocese de Porto Alegre, mestre em Teologia, pós-graduado em Orientação Espiritual pela Escola de Formação de Orientação Espiritual (EFOE), do Instituto Humanitas Unisinos (IHU) e formado em Filosofia e Teologia pela Pontifícia Universidade Católica do Rio Grande do Sul (PUCRS).

SUMÁRIO

INTRODUÇÃO 17

QUEM SOMOS E O QUE FAZEMOS 19

O PROGRAMA – HISTÓRICO DE AA 21

ORAÇÃO DA SERENIDADE 28

OS 12 PASSOS DE DEP-ANON BRASIL® 29

SIGNIFICADO DO LOGO DO DEP-ANON BRASIL® 31

ESTRUTURA DAS REUNIÕES 35

CÓDIGO DE ÉTICA 37

ANONIMATO 38

APADRINHAMENTO 39

LITERATURA 40

SEM OPINIÃO SOBRE QUESTÕES EXTERNAS 41

FUNDAMENTAÇÃO BÍBLICA DOS PASSOS 42

EXEMPLO DE TEXTO PARA A ESPIRITUALIDADE 47

PRIMEIRO PASSO DE DEP-ANON BRASIL® 49

SEGUNDO PASSO DE DEP-ANON BRASIL® 51

TERCEIRO PASSO DE DEP-ANON BRASIL® 53

QUARTO PASSO DE DEP-ANON BRASIL® 56

QUINTO PASSO DE DEP-ANON BRASIL® 58

SEXTO PASSO DE DEP-ANON BRASIL® 62

SÉTIMO PASSO DE DEP-ANON BRASIL® 64

OITAVO PASSO DE DEP-ANON BRASIL® 66

NONO PASSO DE DEP-ANON BRASIL® 69

DÉCIMO PASSO DE DEP-ANON BRASIL® 71

DÉCIMO PRIMEIRO PASSO DE DEP-ANON BRASIL® 73

DÉCIMO SEGUNDO PASSO DE DEP-ANON BRASIL® 77

OS PERIGOS DO PCC 80

VINGADORES – ULTIMATO 83

UMA ABORDAGEM FILOSÓFICA SOBRE O SENTIDO DA VIDA 86

DEPOIMENTOS 93

RESUMINDO QUEM SOMOS E O QUE FAZEMOS 101

COMO FUNDAR UM GRUPO DE DEP-ANON BRASIL®
EM SUA CIDADE? 102

VOCÊ APRENDE... 104

REFERÊNCIAS 107

INTRODUÇÃO

Sem dúvida alguma, o programa de Doze Passos de Alcoólicos Anônimos (AA) é a maior revolução do século passado e, talvez, de todos os tempos, no que diz respeito ao tratamento do alcoolismo. E dois aspectos o tornam insólito, nas palavras de Bill e Bob, fundadores da irmandade: "É simples! Um bêbado falando e ouvindo um outro bêbado"! Ou seja, os pares se encontrando e criando uma comunidade de entreajuda. Essa história é resumidamente contada no capítulo seguinte, que faz um sintético apanhado histórico da Irmandade. Vários segmentos da sociedade posteriormente aplicaram esses passos ao tratamento de diversas compulsões, tais como as drogas ilícitas, os jogos de azar, a comida, o sexo etc. Entretanto, todos esses grupos têm algo em comum, a saber: uma compulsão específica e métodos que utilizam quase que literalmente os Doze Passos de AA, ou seja, adequam a compulsão aos passos, sem distinções teóricas e especificidades dos objetos da recuperação.

Os passos de Dep-Anon Brasil® (Depressivos e Deprimidos Anônimos) que venho estudando, fundamentando e aplicando em minha vida não são um "copia e cola" dos métodos utilizados nos Estados Unidos da América ou no Reino Unido, únicos dois países que têm algo nesse sentido. No Brasil existem os grupos de "neuróticos anônimos", que, apesar do excelente trabalho que desenvolvem, abordam a depressão apenas no seu aspecto neurótico: *"Há a neurose depressiva, que é a ausência de sintomas ou sinais de depressão endógena, devido a sua relação causal com uma determinada situação ou evento estressante e também pela sua ligação com um padrão de personalidade mal adaptativo"*. Em outras palavras, nem toda depressão é neurótica e nem toda neurose leva à depressão. Por isso decidimos criar um grupo específico para os depressivos e/ou deprimidos. Delimitar o objeto de nossos estudos e, principalmente, de nosso público fez-se absolutamente necessário. No entanto, a principal característica dos grupos anônimos permanece inalterada: somos pares que ajudam outros pares, em nosso caso, depressivos ou deprimidos ajudando e sendo ajudados por outros depressivos ou deprimidos. No Brasil não existiam grupos de Dep-Anon®, eis por que os iniciamos, em agosto de 2023. É um método novo, baseado nos alcoólicos anônimos, mas com especificidades características de nossa doença/condição e cultura. A primeira experiência começou em Canoas, região metropolitana de Porto Alegre, no Rio Grande do Sul. Uma associação de moradores foi o local escolhido para os encontros, às terças-feiras à noite. Constância e persistência são as principais virtudes de quem se coloca a caminho da recuperação e de um ressignificado para a vida. Esta publicação, primeira do Dep-Anon Brasil®, é o registro primordial dessa experiência em nosso país e um convite para que outros nos conheçam e, eventualmente, caminhem conosco. Bem-vindos ao Dep-Anon Brasil®!

QUEM SOMOS E O QUE FAZEMOS

Dep-Anon Brasil®, ou Depressivos e Deprimidos Anônimos, é uma irmandade de pessoas que compartilham sua experiência, força e esperança umas com as outras para que possam resolver seu problema comum e ajudar outras pessoas a se recuperarem da depressão.

O único requisito para ser membro é **o desejo de parar de se entristecer**. Não há taxas ou mensalidades para membros do Dep-Anon Brasil®; somos autossuficientes por meio de nossas próprias contribuições e, eventualmente, doações. Dep-Anon Brasil® não é ligado à igreja, denominação política, organização ou instituição; não deseja se envolver em controvérsias, não endossa nem se opõe a causas. Nosso objetivo principal é permanecermos serenos e ajudar outras pessoas a se recuperarem da depressão.

Adaptado do Preâmbulo AA Copyright © The AA Grapevine, Inc.

Dep-Anon Brasil®: irmandade e associação

Uma das definições de companheirismo, conforme definido pelo Merriam Webster, é *"uma comunidade de interesse"*. Você não está sozinho em sua luta contra a depressão – **juntos podemos fazer o que não poderíamos fazer sozinhos**. A chave para a recuperação é o companheirismo – fazer as coisas juntos e estar em uma jornada comum de recuperação. As reuniões presenciais podem ser realizadas em salas de escolas, igrejas, centros comunitários – qualquer lugar que esteja disposto a sediar uma reunião. A chave é quebrar o ciclo de isolamento e não ficar preso em seus próprios pensamentos.

A associação é simples: se você está cansado de estar doente e cansado da depressão, então você é bem-vindo aqui. **Você é um membro se disser que é um membro.**

Entre em contato com outras pessoas para obter suporte comum. Você estará ajudando os outros, e eles estarão ajudando você.

O PROGRAMA – HISTÓRICO DE AA

O **programa de Doze Passos** (*twelve-step program*) é um programa criado nos Estados Unidos em 1935 por **Bill W.** e **Dr. Bob S.**, inicialmente para o tratamento do alcoolismo e mais tarde estendido para praticamente todos os tipos de dependência química e compulsões. É a estratégia central da grande maioria dos grupos de mútua ajuda para seus tratamentos, sendo mais conhecidos no Brasil os Alcoólicos Anônimos (e grupos relacionados, como Al-Anon/Alateen, voltados às famílias de alcoólatras) e Narcóticos Anônimos.

Hoje há diversas outras organizações de mútua ajuda que se baseiam nos mesmos Doze Passos de Alcoólicos Anônimos, adaptados às adicções ou problemas que buscam enfrentar. Todavia, nem toda organização ou movimento que adote métodos baseados nos Doze Passos utilizam necessariamente os mesmos passos de AA, como é o caso do Movimento da Transição para a "recuperação" das cidades e populações no geral.

Características

Os grupos costumam reunir-se regularmente para compartilhar seus problemas, para testemunhar o funcionamento do programa em suas experiências, falar das superações e obter apoio mútuo. Uma das características mais amplamente conhecidas do programa é a tradição de, nas reuniões, os membros se apresentarem pelo primeiro nome e admitirem sua dificuldade (alcoolismo, adicção). Um grupo de apoio e mútua ajuda carrega em si as características do problema que quer enfrentar. Não há como escapar do humor das pessoas que a ele afluem.

Somos ou estamos deprimidos e não o deixamos de ser por num passe de mágica pelo simples fato de estarmos participando de um grupo. É perfeitamente compreensível que haja um certo ambiente "pesado", pois nós carregamos nossa depressão aonde formos. Portanto, precisamos ter paciência, compaixão e compreensão com aqueles que não estarão tão bem como nós, seja por serem "novatos", seja por estarem passando por uma crise. Enfrentar essa situação faz parte de nossa recuperação, do processo de ressignificação e ajudará a entender como as pessoas que convivem conosco se sentem e nos percebem.

Os Doze Passos de AA

Os Doze Passos (para os alcoólicos anônimos) são:

1. Admitimos que éramos impotentes perante o álcool – que tínhamos perdido o domínio sobre nossas vidas.
2. Viemos a acreditar que um Poder superior a nós mesmos poderia devolver-nos a sanidade.
3. Decidimos entregar nossa vontade e nossa vida aos cuidados de Deus, na forma em que O concebíamos.
4. Fizemos minucioso e destemido inventário moral de nós mesmos.
5. Admitimos perante Deus, perante nós mesmos e perante outro ser humano a natureza exata de nossas falhas.
6. Prontificamo-nos inteiramente a deixar que Deus removesse todos esses defeitos de caráter.
7. Humildemente rogamos a Ele que nos livrasse de nossas imperfeições.
8. Fizemos uma relação de todas as pessoas que tínhamos prejudicado e nos dispusemos a reparar os danos a elas causados.
9. Fizemos reparações diretas dos danos causados a tais pessoas, sempre que possível, salvo quando fazê-lo significasse prejudicá-las ou a outrem.

10. Continuamos fazendo o inventário pessoal e, quando estávamos errados, nós o admitíamos prontamente.
11. Procuramos, através da prece e da meditação, melhorar nosso contato consciente com Deus, na forma em que O concebíamos, rogando apenas o conhecimento de Sua vontade em relação a nós, e forças para realizar essa vontade.
12. Tendo experimentado um despertar espiritual, graças a esses passos, procuramos transmitir essa mensagem aos alcoólicos e praticar esses princípios em todas as nossas atividades.

Figura 1 – Bill W. e Dr. Bob, fundadores de AA (1935)

Fonte: https://jaywalkerlodge.com/aa-founders-day-june-10-2013/. Acesso em: 10 jan. 2024

Criação dos Doze Passos em AA

O primeiro desses programas foi o Alcoólicos Anônimos, ou simplesmente AA, iniciado em 1935 por **William Griffith Wilson** e pelo **doutor Bob Smith**, conhecidos pelos membros do AA como "**Bill W.**" e "**Dr. Bob**", em Akron, Ohio, Estados Unidos. Eles criaram a tradição de utilizar apenas o primeiro nome para se identificar nos grupos anônimos de Doze Passos.

Os Doze Passos foram originalmente escritos por Wilson e outros membros no início do AA como modo de codificar o processo que acharam funcionar para eles. Esses Doze Passos foram essencialmente uma nova versão dos seis passos do **Grupo de Oxford**, um grupo criado pelo missionário cristão **Frank Buchman** (o nome Oxford refere-se à origem geográfica dos membros, não à Universidade de Oxford), com quem Wilson tinha contato. Wilson então escreveu o livro "**Alcoólicos Anônimos**", frequentemente chamado de "Big Book" (Grande Livro) ou "**Livro Azul**".

Programas baseados nos Doze Passos de AA

Muitos outros programas têm adaptado os passos originais dos AA para os seus próprios fins. Programas relacionados existem para ajudar familiares e amigos de pessoas com dependências, bem como aqueles com problemas diferentes do álcool. Esses programas também seguem versões adaptadas dos Doze Passos dos Alcoólicos Anônimos. No quadro a seguir estão alguns desses programas com informações em língua portuguesa.

Quadro 1 – Grupos Anônimos existentes no mundo

Programa de 12 passos	Sigla	Foco
Alcoólicos Anônimos	AA	Alcoolismo
Narcóticos Anônimos	NA	Uso de drogas em geral

Programa de 12 passos	Sigla	Foco
Jogadores Anônimos	JA	Jogos de azar
Game Adictos Anônimos	GAA	Compulsão em jogos eletrônicos
Comedores Compulsivos Anônimos	CCA	Compulsão alimentar
Neuróticos Anônimos	N/A	Doença emocional
Fumantes Anônimos	FA	Tabagismo
Mulheres que Amam Demais Anônimas	MADA	Dependência afetiva
Dependentes de Amor e Sexo Anônimos	DASA	Dependência sexo-afetiva
Codependentes Anônimos	CoDA	Dependência emocional
Sexólicos Anônimos	SA	Dependência de sexo e "luxúria"
Grupos Familiares Al-Anon	Al-Anon Alateen	Familiares de alcoólicos
Grupos Familiares Nar-Anon	Nar-Anon	Familiares de adictos em drogas em geral

Fonte: o autor

As tradições

Os membros de AA também criaram uma série de "tradições" a partir de seu Primeiro Congresso Mundial, que servem de parâmetro para todos os grupos e se mantêm as mesmas desde então. São elas:

1. Nosso bem-estar comum deve estar em primeiro lugar; a reabilitação individual depende da unidade de AA.
2. Somente uma autoridade preside, em última análise, o nosso propósito comum – um Deus amantíssimo que Se manifesta em nossa Consciência Coletiva. Nossos líderes são apenas servidores de confiança; não têm poderes para governar.
3. Para ser membro de AA, o único requisito é o desejo de parar de beber.

4. Cada Grupo deve ser autônomo, salvo em assuntos que digam respeito a outros Grupos ou a AA em seu conjunto.

5. Cada Grupo é animado de um único propósito primordial – o de transmitir sua mensagem ao alcoólico que ainda sofre.

6. Nenhum Grupo de AA deverá jamais sancionar, financiar ou emprestar o nome de AA a qualquer sociedade parecida ou empreendimento alheio à Irmandade, a fim de que problemas de dinheiro, propriedade e prestígio não nos afastem de nosso propósito primordial.

7. Todos os Grupos de AA deverão ser absolutamente autossuficientes, rejeitando quaisquer doações de fora.

8. "Alcoólicos Anônimos" deverá manter-se sempre não profissional, embora nossos centros de serviços possam contratar funcionários especializados.

9. AA jamais deverá organizar-se como tal; podemos, porém, criar juntas ou comitês de serviço diretamente responsáveis perante aqueles a quem prestam serviços.

10. "Alcoólicos Anônimos" não opina sobre questões alheias à Irmandade; portanto, o nome de AA jamais deverá aparecer em controvérsias públicas.

11. Nossas relações com o público baseiam-se na atração em vez da promoção; cabe-nos sempre preservar o anonimato pessoal na imprensa, no rádio e em filmes.

12. O anonimato é o alicerce espiritual das nossas Tradições, lembrando-nos sempre da necessidade de colocar os princípios acima das personalidades.

Dep-Anon Brasil®: programa espiritual

Dep-Anon Brasil® não é um programa religioso, mas um itinerário espiritual. Não há exigência de acreditar ou seguir uma teologia ou doutrina religiosa específica. Coletivamente, acreditamos que existe, de alguma forma ou estilo, um Poder Superior que pode nos ajudar a nos recuperar da depressão. Algumas pessoas usam, a princípio, o próprio grupo como seu Poder Superior. Entre os nossos membros acolhemos judeus, cristãos, budistas, muçulmanos, outras denominações e seitas, ateus e agnósticos – **todos são bem-vindos aqui**. Seu relacionamento com seu Poder Superior é apenas isto: **seu**. Você define sua compreensão de Poder Superior e o seu relacionamento com Ele. Podemos dizer, porém, que se você confiar em seu Poder Superior e entrar em um relacionamento mais amoroso e profundo com Ele, as coisas irão melhorar. Muitos de nós podem, e com frequência o fazemos, usar o termo Deus – não se assuste nem se ofenda. Não estamos tentando forçar um determinado conjunto de crenças sobre você – é apenas uma abreviação do termo Poder Superior. O programa espiritual que seguimos e recomendamos são os 12 passos de Dep-Anon Brasil®. Ao compreender os 12 passos e colocá-los em ação, nossas vidas tornar-se-ão melhores.

ORAÇÃO DA SERENIDADE

Concedei-me Senhor:
*A **Serenidade** necessária para aceitar as coisas que **não posso** modificar;*
*__Coragem__ para modificar aquelas que **eu posso**;*
*E **Sabedoria**, para distinguir umas das outras.*

A **Oração da Serenidade** é um dos pontos em comum de todos os grupos "anônimos". É lida ao final dos encontros e é muito bem recebida por ser uma prece "universal" ou mesmo uma "filosofia de vida" por muitos. Pode ser seguida por um "grito de guerra", como "Força, foco e fé" e um convite à perseverança no grupo.

OS 12 PASSOS DE DEP-ANON BRASIL®

1. Admitimos que somos ou estamos deprimidos e que perdemos, ainda que momentaneamente, o sentido de nossas vidas.
2. Viemos a acreditar que um Poder Superior a nós mesmos poderia devolver-nos esse sentido.
3. Decidimos entregar nossa vida, vontade e sofrimentos aos cuidados de Deus na forma em que o concebemos.
4. Fizemos um minucioso inventário pessoal de nós mesmos, sobretudo, nossos sofrimentos emocionais e alegrias.
5. Admitimos perante Deus, perante nós mesmos e perante outro ser humano a natureza exata de nossos sofrimentos.
6. Prontificamo-nos inteiramente a deixar que Deus desse um ressignificado aos nossos sofrimentos bem como humildade e coragem para reconhecê-los.
7. Humildemente pedimos a Ele que nos livrasse de nossas dores emocionais.
8. Fizemos uma lista de todas as pessoas às quais nosso comportamento, vitimização, autopiedade e desânimo tenham prejudicado e nos dispusemos a reparar os danos a elas causados.
9. Fizemos reparações diretas a tais pessoas sempre que possível, exceto quando as fazer pudesse prejudicá-las ou a outros.
10. Continuamos fazendo nosso inventário pessoal e, quando errados, admitíamos prontamente.

11. Procuramos através da prece e meditação melhorar nosso contato consciente com Deus, como nós O entendemos, rogando somente o conhecimento de Sua vontade em relação a nós e forças para realizá-la.

12. Tendo experimentado um despertar espiritual como resultado destes passos, procuramos transmitir esta mensagem aos que são ou se encontram deprimidos e praticar estes princípios em todas as nossas atividades.

SIGNIFICADO DO LOGO DO DEP-ANON BRASIL®

Figura 2 – Logo do Dep-Anon Brasil®

Fonte: https://pt.wikipedia.org/wiki/A_Cria%C3%A7%C3%A3o_de_Ad%-C3%A3o. Acesso em: 13 jan. 2024

O logo que representa o Dep-Anon Brasil® é um recorte da famosa obra renascentista intitulada *A criação de Adão*, feita por volta de 1511 pelo famoso artista italiano Michelangelo.

Michelangelo Di Lodovico Buonarroti Simoni, ou somente Michelangelo, nasceu em 6 de março de 1475, em Caprese, na Itália.

Foi um artista excepcional, contribuindo grandemente para a história da civilização do Ocidente no momento em que enormes transformações culturais e sociais ocorriam.

Vivia-se o período Renascentista e a Itália era considerada o centro da efervescência artística, que despontava baseada na cultura clássica da Grécia e Roma antigas.

Esse é um trabalho realizado com a técnica do afresco e integra o conjunto de pinturas feitas no teto da Capela Sistina (Roma, Vaticano) produzidas entre 1508 e 1512 por encomenda do papa Júlio II.

O artista fez de sua vida uma devoção à arte, trabalhando até os últimos dias. Faleceu em 18 de fevereiro 1564, em Roma.

Figura 3 – A criação de Adão[1]

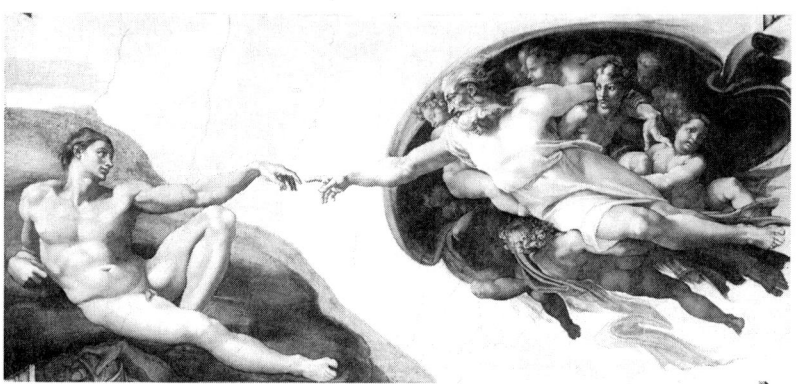

Fonte: https://pt.wikipedia.org/wiki/A_Cria%C3%A7%C3%A3o_de_Ad%-C3%A3o. Acesso em: 13 jan. 2024

Lemos em Gênesis, Capítulo 1:

[26]*Então disse Deus: "Façamos o homem à nossa imagem, conforme a nossa semelhança. Domine ele sobre os peixes do mar, sobre as aves do céu, sobre os grandes animais de toda a terra e sobre todos os pequenos animais que se movem rente ao chão".* [27]*Criou Deus o homem à sua imagem, à imagem de Deus o criou; homem e mulher os criou.*

[28]*Deus os abençoou e lhes disse: "Sejam férteis e multipliquem-se! Encham e subjuguem a terra! Dominem sobre os peixes do mar, sobre as aves do*

---

[1] É a representação da passagem bíblica em que o criador do mundo, Deus, dá origem à humanidade, simbolizada na figura do primeiro homem, Adão.

céu e sobre todos os animais que se movem pela terra".²⁹Disse Deus: "Eis que dou a vocês todas as plantas que nascem em toda a terra e produzem sementes, e todas as árvores que dão frutos com sementes. Elas servirão de alimento para vocês. ³⁰E dou todos os vegetais como alimento a tudo o que tem em si fôlego de vida: a todos os grandes animais da terra, a todas as aves do céu e a todas as criaturas que se movem rente ao chão". E assim foi.³¹E Deus viu tudo o que havia feito, e tudo havia ficado muito bom. Passaram-se a tarde e a manhã; esse foi o sexto dia (BÍBLIA de Jerusalém, 1982).

Figura 4 – Os dedos das personagens, quase se tocando, são o ponto alto da composição

Fonte: https://pt.wikipedia.org/wiki/A_Cria%C3%A7%C3%A3o_de_Ad%-C3%A3o. Acesso em: 13 jan. 2024

A mão de Adão denota falta de vitalidade, que será conferida a ele por meio do toque de Deus. O Criador exibe o dedo indicador esticado, em um gesto simples e direto, agraciando o homem com a vida. Segundo o historiador Ernst Gombrich (1909-2001), essa é considerada uma das maiores obras de arte já produzidas. Nas palavras dele: *"Michelangelo conseguiu fazer do toque da mão divina o centro e o ponto culminante da pintura, e nos fez enxergar a ideia da onipotência por meio do poder de seu gesto criador"*.[2]

Essa centralidade da obra é também uma referência à capacidade de escolha com a qual o Criador nos constituiu: o livre-arbítrio, ou seja, a possibilidade de pensar, decidir e tomar atitudes absolutamente livres. É a liberdade do homem que nos permite decidir e assumir as consequências de nossos atos. Sabemos que essa capacidade foi determinante na perda de nosso estado natural, uma vez que decidimos negar o amor de Deus e recusar o paraíso querido e a nós oferecido por Ele originalmente. Chama também a atenção à postura um tanto "acomodada" do homem em relação à do Criador. Este está em "movimento", proativo, vindo ao encontro. Já o ser humano está deitado, "escorado" em um dos joelhos e com os dedos retraídos, em contraposição à mão e ao dedo estendidos de Deus. O Criador toma a iniciativa, desde o primeiro movimento, facultando a Adão a decisão de tocá-lo, ou não. Dotado da razão e da liberdade, o primogênito de nossa espécie é, desde o princípio, convidado a partilhar da Vida de Deus. O "pecado" é justamente a escolha pelo afastamento de Sua presença. É, por assim dizer, um paradoxo: não somos livres quando usamos o livre-arbítrio para afastar-nos de Deus, origem e fim de nossa liberdade mesma. A decisão está em nossas mãos, literal e figuradamente. Basta estender um dedo e o dedo de Deus nos alcança.

Dep-Anon Brasil® é uma oportunidade para nos reencontrarmos com esse Amor Primordial e readquirirmos nossa liberdade e sentido na vida.

---

[2] Disponível em: https://cursoseorientacoes.com/wp-content/uploads/2014/09/historia-da--arte-gombrich.pdf. Acesso em: 13 jan. 2024.

ESTRUTURA DAS REUNIÕES

As reuniões terão estas características e estrutura:

- o local da reunião será, sempre que possível, "neutro" e institucionalmente independente de igrejas e/ou repartições públicas;
- terão duração de duas horas, repartidas da seguinte forma:
1. **Espiritualidade** (não mais que 20 minutos);
2. **Acolhida** com apresentação dos objetivos do grupo, código de ética e novos participantes (10 minutos);
3. **Apresentação e/ou aprofundamento** do **passo** do mês (um passo mensal) (30 minutos);
4. **Escuta** e **depoimentos** (no grande grupo ou, eventualmente, em pequenos grupos). Durante os depoimentos os demais membros, estalando os dedos ou levantando a mão, podem dar retornos, sugerindo, questionando ou aconselhando;
5. **Encerramento** com a Oração da Serenidade;
- será preservado o anonimato na apresentação, ou seja, manteremos a tradição dos grupos de anônimos de dar apenas o primeiro nome. Usaremos a fórmula de AA adaptada ao Dep-Anon Brasil® "Meu nome é (...) e estou aqui porque sou/estou depressivo";
- serão presididas pelo(s) coordenador(es) ou por pessoa(s) por eles previamente indicadas;
- haverá uma caixinha para doações espontâneas à disposição em local discreto (para fotocópias, folhas de ofício, tinta

para a impressora, cafezinho, água, confecção de banners e outras despesas pertinentes ao funcionamento do grupo). Um tesoureiro indicado pela coordenação prestará contas de receitas e despesas, devendo manter um registro com essas informações atualizadas e à disposição de todos os participantes do grupo e, sempre que possível, com comprovantes fiscais;

- nenhum tipo de proselitismo religioso, político partidário ou profissional será admitido durante as reuniões;
- a Espiritualidade admitirá quaisquer crenças desde que sem cunho doutrinário ou proselitista;
- em caso de eventual e, sempre excepcional, encurtamento do tempo de duração da reunião, Espiritualidade e Escuta terão precedência sobre a apresentação dos princípios;
- eventualmente palestrantes poderão ser convidados para apresentar um tema relativo aos 12 passos de Dep-Anon Brasil® ou à depressão.

CÓDIGO DE ÉTICA

Quem você **vê** aqui;
O que você **ouve** aqui;
O que você **diz** aqui
Permanece aqui.

  O código de ética é a garantia de que nenhuma informação pessoal, identidade ou mesmo a participação no grupo seja revelada a quem dele não participa. É levado, e não poderia deixar de ser, muito a sério em nossos grupos. Também os demais grupos de apoio que trabalham com o anonimato usam esse dispositivo. Por meio desse compromisso, garantimos aos participantes um ambiente de absoluta confiança para que possam expressar livremente seus dramas, sofrimentos e esperanças, sem constrangimentos de qualquer ordem. Esse compromisso é, por assim dizer, o espírito de nosso método, seu fundamento e motivo de sucesso.

ANONIMATO

Qual é a fundamentação do anonimato? Existem duas tradições aplicáveis.

Tradição 11 – Nossa política de relações públicas é baseada na **atração** e não na **promoção**; precisamos sempre manter o anonimato pessoal no nível da imprensa, rádio, TV e cinema. Hoje as redes sociais, inexistentes à época da elaboração das tradições de AA, devem ser incluídas obviamente entre as mídias, até porque não possuem controle algum.

Tradição 12 – O anonimato é o fundamento espiritual de todas as nossas tradições, sempre nos lembrando de colocar os princípios acima das personalidades.

O anonimato deve ser mantido em relação ao público externo: imprensa, rádio, TV, cinema, redes sociais. Nenhum indivíduo pode falar como "a voz" do deprimido anônimo. Relacionar uma determinada pessoa à irmandade como tal pode manchar a imagem dos Deprimidos Anônimos se ela for inidônea. O sucesso ou insucesso de um único indivíduo no tratamento da depressão não deve refletir na irmandade. Uma pessoa pode se identificar como membro dos Deprimidos Anônimos ao público, mas nunca deve divulgar detalhes pessoais de outro membro ao público.

O anonimato entre os membros da irmandade não é exigido entre indivíduos, uma pessoa pode compartilhar com outra suas informações pessoais e contato, assim como o comentário voltado para o público – você pode compartilhar seus próprios dados pessoais, mas não deve compartilhar os dados pessoais de outra pessoa.

APADRINHAMENTO

Por que o apadrinhamento? Tentar fazer sempre as coisas sozinho é um sintoma de depressão e vício. Um *slogan* ouvido nas salas de recuperação de AA diz: **"Um adicto sozinho está em má companhia".**

Essa máxima não é menos importante para nós, depressivos. O padrinho é uma pessoa que pode guiá-lo por meio do processo dos 12 passos e ajudar a "gerenciar" sua recuperação. Um padrinho deve ser alguém em quem você confie e, de preferência, que já tenha trabalhado os passos até a conclusão. Um padrinho nunca pode obrigar você a fazer as coisas, mas fará sugestões sobre como fazer as coisas de maneira diferente. Uma relação padrinho-afilhado não é *"Até que a morte os separe"*. É uma relação entre dois adultos consentidos. Se esse vínculo não estiver funcionando para as partes, termine-o de maneira honesta e objetiva – não termine o relacionamento iludindo a outra pessoa. É recomendável que você tenha um novo padrinho antes de encerrar o vínculo com o outro. O coapadrinhamento é possível, no qual duas ou mais pessoas orientam seu afilhado no itinerário dos 12 passos e atuam como uma caixa de ressonância para coisas relacionadas à recuperação. Um dos padrinhos, preferentemente, deve ter completado o trabalho dos 12 passos.

LITERATURA

Existem, atualmente, seis títulos específicos para os grupos de Depressivos Anônimos nos Estados Unidos, infelizmente sem tradução para o português, e que podem ser acessados em: https://depressedanon.com/literature.

No Brasil estamos apenas começando esse trabalho e nossa literatura vai se formando e conformando à medida que as experiências nos grupos acontecem, são codificadas e divulgadas. Esta publicação é, portanto, a primeira do gênero no Brasil, adaptada à nossa realidade e experiência. Deixaremos mais referências bibliográficas ao final desta publicação.

Um Grupo de **Estudo dos Passos** pode ser criado, visando inclusive à formação de coordenadores. Diferentemente do público das reuniões, o grupo de estudos reunirá duas ou mais pessoas periodicamente para pesquisar e examinar material referente aos 12 passos, depressão e outros grupos de Dep-Anon Brasil®.

SEM OPINIÃO SOBRE QUESTÕES EXTERNAS

A Irmandade, como instituição, não tem opinião sobre questões externas. A única coisa com a qual a Irmandade concorda é que seguir e aplicar os 12 passos de Dep-Anon Brasil® é o caminho para a recuperação da depressão. Existem, potencialmente, muitos outros caminhos para se recuperar da depressão. O que constatamos, porém, é que essas outras alternativas podem estar repletas de contenção e conflito. Preferimos deixar essas disputas de lado e focar nos 12 passos de Dep-Anon Brasil® como o caminho para a recuperação da depressão.

Individualmente, como membros dessa irmandade, podemos ter opiniões sobre outras coisas, é claro. Podemos compartilhar nossa experiência, força e esperanças sobre nossa própria jornada de recuperação. A precaução aqui é: o que funciona para uma pessoa pode não funcionar para outra. Padre Haroldo Rahm, S. J., uma das maiores autoridades em dependência química do Brasil e do mundo, afirmava que: "se temos dois pacientes (dependentes químicos) e tratamos a ambos da mesma maneira, com um, nós erramos". Ter informações sobre outros caminhos é útil, pois eles podem fornecer outros tratamentos que podem funcionar para você. Esteja ciente de que essas outras opções, no entanto, podem não funcionar **para você**. Todos nós temos diferenças químicas dentro de nossos corpos, todos nós tivemos diferentes experiências de vida que podem afetar a eficácia da opção X ou Y contra nossa depressão.

Saiba que os 12 passos funcionarão se você os colocar em prática.

FUNDAMENTAÇÃO BÍBLICA DOS PASSOS

1. Admitimos que somos ou estamos deprimidos e que perdemos, ainda que momentaneamente, o sentido de nossas vidas.

"Realmente, minha vida se consome em amargura" (Sl 30,11); "A minha alma está desgostosa da vida" (Jó 10,1); "Agora a minha alma está perturbada" (Jo 12,27); "Por isso o seu caminho será como um caminho escorregadio, nas trevas" (Jr 23, 12); "Em que aflição fui eu cair e a que desolação fui eu reduzido até o presente!" (1Mc 6,10-11).

2. Viemos a acreditar que um Poder Superior a nós mesmos poderia devolver-nos esse sentido.

"Volto-me para Vós, ó Senhor, para Vós levanto os meus olhos" (Tb 3,13s); "Pela tarde vem o pranto, mas, de manhã, volta a alegria" (Mt 5, 11-12); "Minha alma tem confiança em sua palavra" (Sl 129,5); "O Senhor torna-se refúgio para o oprimido, uma defesa oportuna para os tempos de perigo" (Sl 9,10); "Vós me invocareis e vireis suplicar-me, e eu vos atenderei" (Jr 29,12); "E, caindo em si, disse: Quantos trabalhadores de meu pai têm abundância de pão, e eu aqui pereço de fome! Levantar-me-ei, e irei ter com meu pai, e dir-lhe-ei: Pai, pequei contra o céu e perante ti. Já não sou digno de ser chamado teu filho; faze-me como um dos teus trabalhadores" (Lc 15, 17-19).

3. Decidimos entregar nossa vida, vontade e sofrimentos aos cuidados de Deus na forma em que o concebemos.

"Estou cheio de consolação, transbordo de gozo em todas as nossas tribulações" (2Cor 7,4); "Então, do seio da tempestade, o Senhor deu a Jó esta resposta" (Jó 38); "Agora a minha alma está perturbada. Mas que direi? Pai, salva-me desta hora" (Jo 12, 27); "É tempo de buscar o Senhor" (Os 10,12); "E, levantando-se, foi para seu pai" (Lc 15,20).

4. Fizemos um minucioso inventário pessoal de nós mesmos, sobretudo, nossos sofrimentos emocionais e alegrias.

"Tenho para mim que os sofrimentos da presente vida não têm proporção alguma com a glória futura" (Rm 8, 18-22); "E quando vos puserdes de pé para orar, perdoais, se tiverdes algum ressentimento contra alguém" (Mt 11, 25-27); "Pecando vós contra os irmãos e ferindo sua débil consciência, pecais contra Cristo" (1Cor 8, 7-13); "Temos consciência de nossos crimes, e conhecemos nossas iniquidades" (Is 59,12); "Lembra-te, pois, donde caíste" (Ap 2,5).

5. Admitimos perante Deus, perante nós mesmos e perante outro ser humano a natureza exata de nossos sofrimentos.

"Ouvireis o pequeno como o grande, sem temor de ninguém, porque o juízo é de Deus" (Dt 1,17); "Fala-vos meu coração, minha face vos busca; a vossa face, ó Senhor, eu a procuro" (Sl 26, 7-11); "Digo a verdade em Jesus Cristo, não minto; a minha consciência me dá testemunho pelo Espírito Santo" (Rm 9,1); "Estamos persuadidos de ter a consciência em paz, pois estamos decididos a procurar o bem em tudo" (Hb 13,18); "Acheguemo-nos a Ele com coração sincero, com plena firmeza da fé" (Hb 10,22); "Então eu vos confessei o meu pecado, e não mais dissimulei a minha culpa" (Sl 31,5); "Repeli para longe de vós todas as vossas culpas, para criardes em vós um coração novo" (Ez 18,31).

6. Prontificamo-nos inteiramente a deixar que Deus desse um ressignificado aos nossos sofrimentos bem como humildade e coragem para reconhecê-los.

"Dai, pois, ao vosso servo um coração sábio, capaz de julgar [...] e discernir entre o bem e o mal" (1Rs 3,9); "Recorrei ao Senhor e ao seu poder, procurai continuamente e sua face" (1Cr 16,11); "Ó meu Deus, criai em mim um coração que seja puro e renovai-me o espírito de firmeza" (Sl 50, 12-13).

7. Humildemente pedimos a Ele que nos livrasse de nossas dores emocionais.

"Este infeliz gritou a Deus, e foi ouvido, e o Senhor o libertou de toda a angústia" (Salmo 33/34); "Senhor, se queres podes curar-me" (Mt 8,2); "Senhor, ajuda-me!" (Mt 15,25); "Voltai, Senhor, livrai minha alma" (Sl 6,5); "Aba! (Pai!), suplicava ele, 'Tudo te é possível; afasta de mim esse cálice!'" (Mc 14,36); "Restaurai-nos, ó Senhor; mostrai-nos serena a vossa face e seremos salvos" (Sl 79,4).

8. Fizemos uma lista de todas as pessoas às quais nosso comportamento, vitimização, autopiedade e desânimo tenham prejudicado e nos dispusemos a reparar os danos a elas causados.

"Não busco os meus interesses próprios, mas os interesses dos outros, para que todos sejam salvos" (1Cor 10, 33); "Não abandones um velho amigo, pois um novo não o valerá" (Eclo 9,14); "Um amigo não se conhece durante a prosperidade" (Eclo 12,8); "Quem machuca um olho, dele faz saírem lágrimas; quem magoa um coração, nele excita a sensibilidade" (Eclo 22, 24-32).

9. Fizemos reparações diretas a tais pessoas sempre que possível, exceto quando as fazer pudesse prejudicá-las ou a outros.

"De muita boa vontade darei o que é meu, e me darei a mim mesmo pelas vossas almas" (2Cor 12, 15); "Mas, ao que pouco se perdoa, pouco ama" (Lc 7,47); "Se alguém disser: 'amo a Deus' mas odeia seu irmão, é mentiroso" (1Jo 4,20s); "Meus filhinhos, não amemos com palavras nem com a língua, mas por atos e em verdade" (1Jo 3,18).

10. Continuamos fazendo nosso inventário pessoal e, quando errados, admitíamos prontamente.

"Meu filho, não desprezes a correção do Senhor [...] porque o Senhor castiga aquele a quem ama" (Pr 3, 11s); "A ninguém fiqueis devendo coisa alguma, a não ser o amor recíproco" (Rm 13,8ss); "Feliz o homem que persevera na sabedoria, que se exercita na prática da justiça" (Eclo 14,22); "Mantenho firme minha justiça, não a abandonarei; minha consciência não acusa nenhum de meus dias" (Jó 27, 6); "Quem dissimula as suas faltas não há de prosperar; quem as confessa e as detesta obtém misericórdia" (Pr 28,13).

11. Procuramos através da prece e meditação melhorar nosso contato consciente com Deus, como nós O entendemos, rogando somente o conhecimento de Sua vontade em relação a nós e forças para realizá-la.

"Feito isso, subiu à montanha para orar na solidão" (Mt 14,23); "E despedido que foi o povo, retirou-se ao monte para orar" (Mc 6,46); "Traze sempre na boca as palavras deste livro da lei; medita-o dia e noite" (Js 1,8); "Fecha a porta e ora a teu Pai em segredo" (Mt 6,6).

12. Tendo experimentado um despertar espiritual como resultado destes passos, procuramos transmitir esta mensagem aos que são ou se encontram deprimidos e praticar estes princípios em todas as nossas atividades.

"Agora estais tristes, mas [...] vosso coração se alegrará e ninguém vos tirará a vossa alegria" (Jo 16,22); "Como poderíamos agradecer a Deus por vós, por toda a alegria que tivemos diante dele por vossa causa?" (1Ts 3-9); "Eu recebi do Senhor o que vos transmiti" (1Cor 11 23-27); "Ide, pois, e ensinai a todas as nações!" (Mt 28, 19); "Eis aqui um sinal de que sou eu que te envio" (Ex 3,12); "Mas, descerá sobre vós o Espírito Santo e vos dará força; e sereis minhas testemunhas" (At 1,8); "E todos ficaram cheios do Espírito Santo e anunciaram com intrepidez a Palavra de Deus" (At 4,31).

EXEMPLO DE TEXTO PARA A ESPIRITUALIDADE

Jesus a caminho do Gólgota

> [26] *E, quando o iam levando, tomaram um certo Simão, cireneu, que vinha do campo, e puseram-lhe a cruz às costas, para que a levasse após Jesus.* [27] *E seguia-o grande multidão de povo e de mulheres, as quais batiam nos peitos e o lamentavam.* [28] *Porém Jesus, voltando-se para elas, disse: Filhas de Jerusalém, não choreis por mim; chorai, antes, por vós mesmas e por vossos filhos.* [29] *Porque eis que hão de vir dias em que dirão: Bem-aventuradas as estéreis, e os ventres que não geraram, e os peitos que não amamentaram!* [30] *Então, começarão a dizer aos montes: Caí sobre nós! E aos outeiros: Cobri-nos!* [31] *Porque, se ao madeiro verde fazem isso, que se fará ao seco?* [32] *E também conduziram outros dois, que eram malfeitores, para com ele serem mortos.*

No longa *A Paixão de Cristo* (2004), controverso filme do ator e diretor Mel Gibson, rico em detalhes históricos e teológicos, o diretor, utilizando de licença poética, cria diálogos notáveis e muito verossímeis entre os personagens. É o caso do cireneu. Ao ser convocado a carregar a cruz para ajudar o "criminoso condenado", dele desconhecido, procura deixar bem claro que não o conhece e que não tem nada a ver com aquele homem e que, portanto, não participa de sua condenação e sua infâmia. "Não tenho nada a ver com isso". No entanto, durante o trajeto, presenciando toda a violência dos guardas que os conduziam e o desrespeito de muitos assistentes, se compadeceu: *"Chega! Chega!".* Ajudou Jesus a se reerguer depois de uma queda violenta e, olhando-o nos olhos diz: *"Mais um pouco, falta muito pouco, quase lá!"*. E ambos olham para o calvário, ou "lugar da caveira". Simão não o acompanhou até o local da crucificação e os condenados, haviam mais dois nesse cortejo nefasto, carregaram cada um a sua cruz. O fim desse evento todos o conhecemos. "Só mais um pouco" é tudo o que lhe ocorre dizer naquela situação limítrofe. **"Aguente mais um pouco, vai passar"**, parece dizer-lhe. Mas ambos sabiam onde aquela via terminaria e somente Jesus sabia o que realmente significava e ao que levaria. Daquela situação, provavelmente, três sairiam justificados: Jesus, Simas (o "bom" ladrão) e o próprio Simão Cireneu. Jesus porque carregou sobre si todos os nossos pecados, e seu sacrifício único e eterno justificou a todos, para sempre; Simas porque admitiu seus pecados e teve sua remissão garantida pelo próprio Cristo; e Simão Cireneu porque demostrou compaixão e ajudou o Senhor a carregar a cruz como se dele fosse. Os algozes de Jesus o insultavam e não conseguiam entender por que ele "abraçava" a sua cruz, como que se a amasse. Não tinha sentido amar a cruz e o que ela significava: infâmia, desprezo, castigo. Deus ressignifica a dor, o sofrimento e a cruz tornando-os "desejáveis", oportunidades, caminho (via). Para o cireneu significou generosidade, compaixão. Para o "bom" ladrão, perdão e redenção e para Jesus, bem... para Jesus a nossa Salvação. **"Aguente mais um pouco, quase lá..."**.

PRIMEIRO PASSO DE DEP-ANON BRASIL®

1. Admitimos que somos ou estamos deprimidos e que perdemos, ainda que momentaneamente, o sentido de nossas vidas.

O primeiro passo de Dep-Anon Brasil®, como o dos demais itinerários de grupos baseados no AA, é a **ADMISSÃO**. Talvez seja o mais difícil, por ser o primeiro, mas fundamenta todo o processo de cura e o torna possível. Em algum momento da vida olhamos para trás e mesmo para o presente e nos perguntamos: qual o sentido de tudo isto, da minha vida, do que estou passando? Percebam que é uma decisão pessoal e intransferível. Não depende de mais ninguém nem de nada, a não ser nós mesmos, de nossa consciência, humildade e coragem. *"Realmente, minha vida se consome em amargura"* diz o salmista (Sl 30,11). **Estar deprimido** é uma condição temporária, curta, de início súbito e evolução rápida (quadro agudo), normalmente provocada por um ou mais eventos que podem ocorrer, e de fato acontecem, em algum momento específico de nossas vidas. Perdas, como de pessoas importantes e queridas (luto) ou mesmo de um emprego; nascimento de um filho (depressão pós-parto); frustração em relacionamentos amorosos ou amizades, enfim, eventos que podem causar traumas, mas que com atenção e providências corretas são superados em relativamente pouco tempo. São, por assim dizer, temporários e essa condição é tecnicamente conhecida como **depressão exógena**. Os sintomas são muito semelhantes aos da **depressão "genética" ou endógena**, mas com igual ou até maior intensidade, por vezes. Inclusive pode haver a necessidade de tratamento medicamentoso, devidamente prescrito por médico psiquiatra, para ajudar no processo de superação ou para atenuar os sintomas da crise. Podemos dizer como Jesus, no Evangelho de João 12.17: *"Agora a minha alma está perturbada"*. "Agora", neste momento, mas normalmente "passa". Já a depressão crônica ou endógena (**ser depressivo**) apresenta uma progressão lenta e duração prolongada, provavelmente "genética" ou "hereditária", é percebida como condição permanente, "de família". Os relatos de pacientes diagnosticados com esse tipo de depressão, de fato, indicam essa hipótese. *"Por isso o seu caminho será como um caminho escorregadio, nas trevas"* diz o profeta Jeremias (Jr 23,12). Percebemos, mais cedo ou mais tarde, que o caminho sempre nos foi penoso, felicidade relativa ou "inexistente"; sempre acabamos despencando no "abismo": *"Em que aflição fui eu cair e a que desolação fui eu reduzido até o presente!"* (1Mc 6,10-11). Os sintomas são assim descritos: tristeza permanente, em maior ou menor grau; insônia ou sono em demasia, cansaço, humor deprimido na maior parte do dia; perda de interesse em atividades; perda ou ganho de peso; baixa autoestima; falta de concentração; sentimento de culpa, em muitos casos, ideação suicida e nervosismo exacerbado. **Admitamos: todos nós estamos ou somos assim!** Por que você veio ao grupo de apoio? Está deprimido ou se enquadra no perfil depressivo? Qualquer que seja a resposta, você já começou a se recuperar, afinal, você está aqui! Já deu o primeiro passo...

SEGUNDO PASSO DE DEP-ANON BRASIL®

2. Viemos a acreditar que um Poder Superior a nós mesmos poderia devolver-nos esse sentido.

"Volto-me para Vós, ó Senhor, para Vós levanto os meus olhos" **(Tb 3,13s).** Levantar os olhos, atitude de quem olha para o alto, para além de si mesmo e de sua realidade imediata. Voltar-se para algo ou alguém que, humildemente, reconhecemos maior do que nós. Como dizia **Blaise Pascal (1623-1662):** *"O homem é um caniço [...] pensante"*. Referia-se o filósofo à capacidade do ser humano de, como um caniço, ser flexível, dobrar-se sobre si e ver-se, perceber-se a partir de fora. Mas também à capacidade, exclusivamente humana, de irmos ao encontro dos outros, ao que chamamos de "transcender". Quando este outro é "totalmente Outro" o chamamos Deus. Neste caso é um "encontro", o início de um relacionamento interpessoal. Essa relação é de confiança: *"Minha alma tem confiança em sua palavra" (Sl 129,5),* um "porto seguro" em meio às tempestades: *"O Senhor torna-se refúgio para o oprimido, uma defesa oportuna para os tempos de perigo" (Sl 9,10),* um "salto no escuro", tradicional significado da fé. Fazendo uma

analogia, é como se caíssemos num buraco em que uma saída parece impossível e uma ajuda improvável. Perdemos a noção de espaço e tempo e não sabemos exatamente em que situação nos encontramos e muito menos a quem recorrer. Eis que então ouvimos passos e nossas esperanças se renovam: há alguém lá fora que pode me ajudar, desde que eu peça, grite talvez, e ele me ouça: *"Vós me invocareis e vireis suplicar-me, e eu vos atenderei" (Jr 29,12).* Esse passo ocorre antes de sermos propriamente atendidos. Ouvimos passos, mas não sabemos exatamente o quê ou quem está lá fora. Não identificamos claramente de quem se trata, mas sabemos que é nossa única opção. Esse "Poder Superior" pode se apresentar num primeiro momento de muitas formas: uma ou mais pessoas, quiçá um grupo, uma amizade, uma palavra na igreja, que nos faz refletir e perguntar: "Por que não?". Ao ouvirmos ou vermos outras histórias de vidas, também poderemos reconhecer outras possibilidades, saídas, quem sabe, sentido. Para **Victor Frankl (1905-1997)**, criador da terceira escola vienense de Psicoterapia, a Logoterapia e a Análise Existencial, o sentido da vida não deve ser egocêntrico. Felicidade e prazer não são motivos para a existência, eles são efeitos colaterais. É preciso dedicar-se a algo maior que si mesmo, a uma causa ou ao amor a outra pessoa. E mesmo diante do sofrimento é possível encontrar sentido. A pergunta mais importante e talvez a única que devemos nos fazer neste mundo é "para quê", e não "por quê". Eventos como perdas (luto), término de relacionamentos amorosos ou amizades ou do emprego nos fazem frequentemente lembrar de Deus. Não vemos sentido nessas coisas e, por vezes, não aprendemos com isso porque estamos revoltados, em negação ou simplesmente desnorteados. O "por quê" é uma resposta que, muito provavelmente, não teremos nesta vida. Mas "para quê" é um convite à ação, a se desacomodar e parar de se vitimizar. O próximo passo é identificar alguém ou algo que possa nos ajudar, nos puxar de dentro do "buraco" e voltar à luz; voltar a viver.

TERCEIRO PASSO
DE DEP-ANON BRASIL®

3. Decidimos entregar nossa vida, vontade e sofrimentos aos cuidados de Deus na forma em que o concebemos.

O primeiro e segundo passos de Dep-Anon Brasil® são basicamente as premissas do terceiro. Ou seja, sem aqueles, este passo não pode ser dado. Eles se encontram na base de nossas decisões: a tomada de consciência e admissão de nossa doença e o querer superá-la ou ao menos encontrar um sentido para o nosso sofrimento emocional. Passamos, então, do saber e do querer ao decidir, ao agir. Isso é o que podemos chamar de "fé", um "salto no escuro" com a confiança de um filho que se atira de cima de uma cadeira nos braços do pai quando este o admoesta: "Pode vir, eu te seguro!". *"Então, do seio da tempestade, o Senhor deu a Jó esta resposta"* (Jó 38). A confiança em nosso Poder Superior, como o concebemos, em meio às tempestades é condição para não "afundar". Mas não basta crer, é preciso demonstrar com atitudes concretas nossa confiança, como nos relata Mateus 14:22-33:

> ²²Logo em seguida, Jesus insistiu com os discípulos para que entrassem no barco e fossem adiante dele para o outro lado, enquanto ele despedia a multidão. ²³Tendo despedido a multidão, subiu sozinho a um monte para orar. Ao anoitecer, ele estava ali sozinho, ²⁴mas o barco já estava a considerável distância da terra, fustigado pelas ondas, porque o vento soprava contra ele. ²⁵Alta madrugada, Jesus dirigiu-se a eles, andando sobre o mar. ²⁶Quando o viram andando sobre o mar, ficaram aterrorizados e disseram: "É um fantasma!" E gritaram de medo. ²⁷Mas Jesus imediatamente lhes disse: "Coragem! Sou eu. Não tenham medo!" ²⁸"Senhor", disse Pedro, "se és tu, manda-me ir ao teu encontro por sobre as águas". ²⁹"Venha", respondeu ele. Então Pedro saiu do barco, andou sobre as águas e foi na direção de Jesus. ³⁰Mas, quando reparou no vento, ficou com medo e, começando a afundar, gritou: "Senhor, salva-me!" ³¹Imediatamente Jesus estendeu a mão e o segurou. E disse: "Homem de pequena fé, por que você duvidou?" ³²Quando entraram no barco, o vento cessou. ³³Então os que estavam no barco o adoraram, dizendo: "Verdadeiramente tu és o Filho de Deus".

A princípio podemos demostrar um entusiasmo quase pueril ao decidirmos que colocaremos nossas vidas nas mãos de um Poder Superior em meio ao desespero e caos. É como age Pedro que, com dúvidas em seu coração, realmente andou uns poucos passos em direção ao Senhor após este lhe dizer "Coragem! Sou Eu! Não tenham medo!". Mas ao deparar-se com as ondas e ventos desanima, se acovarda e começa a afundar em meio a pedidos de socorro. Pedro é como nós e nós somos como ele: nosso decidir é sem muita convicção e achamos que, uma vez que pedimos a intervenção de nosso Poder Superior, os ventos, as ondas, o mau tempo cessarão por completo. Mas não é assim. Jesus nos manda caminhar "sobre" as águas e em meio aos ventos fustigantes. Os problemas não desaparecem simplesmente quando fazemos um ato de fé. Ao dizer "Venha", o Senhor nos dá uma direção, um caminho em meio às dificuldades; Ele é o caminho, o sentido, o porto seguro. E a fé é o barco: deixar de crer equivale a naufragar: "homem de pequena fé, por que você duvidou?" diz ele. "Senhor, salva-me" é o grito que damos no terceiro passo. Colocamos nossa vida, vontade e fé naquele que, em meio às dificuldades, às tempestades, estende suas mãos em nossa direção. Vejam que são gestos concretos: "sair do barco", de si mesmo, da zona de conforto, "andar sobre as águas revoltas", pôr-se em movimento, enfrentar o mar bravio e, finalmente, "ir em direção a Jesus", que nos espera de mãos estendidas. O terceiro passo é, fundamentalmente, um ato de fé.

QUARTO PASSO DE DEP-ANON BRASIL®

4. Fizemos um minucioso inventário pessoal de nós mesmos, sobretudo, nossos sofrimentos emocionais e alegrias.

Este passo é uma espécie de anamnese, ou seja, uma retomada, rememoração dos eventos pregressos para a identificação dos sintomas e sinais atuais de nossa doença. É um passo que se dá aos poucos e deve ser realizado por escrito, de forma minuciosa, isto é, detalhada; sem medo, distração ou constrangimentos de qualquer espécie. Nesse "relatório vital" escreveremos todas as nossas lembranças, negativas ou positivas, que entendemos terem sido significativas ou imaginamos determinantes em nossas vidas: *"Lembra-te, pois, donde caístes" (Ap 2,5).* No entanto, como definitivamente não somos "uma ilha", mas seres relacionais, sociais por natureza, não há de se ignorar nossas ações ou omissões em relação aos outros, às alteridades: *"Temos consciência de nossos crimes, e conhecemos nossas iniquidades" (Is 59,12).* Por isso, como o fazem os alcoólicos anônimos e narcóticos anônimos, também nós, depressivos ou deprimidos, relacionamos nossas falhas em relação às pessoas que conosco convivem e sofrem igualmente com nosso estado depressivo: *"E quando vos puserdes de pé para orar, perdoai, se tiverdes algum ressentimento contra alguém" (Mt 11,25-27)*. Vejam que "pecado" se refere aos atos ou omissões que provocamos conscientemente. Há, no entanto, atos ou omissões "não dolosas", ou seja, não intencionais, mas que devem igualmente constar deste inventário. Na prática significa lembrar quem e quando alguém nos feriu ou eu o fiz; quem ou quando me fizeram feliz ou eu a outrem e, finalmente, quando me omiti ou se omitiram em relação à minha pessoa. Evidentemente este passo se trata de um juízo moral pessoal, de um ponto de vista e ângulo absolutamente individuais: meu ponto de vista. Reiteramos que este inventário deve ser realizado solitariamente e por escrito, já que será, no quinto passo, relatado a um padrinho ou madrinha, sob um código de ética e sigilo rigorosos. Pode ser escrito de uma vez só, num dia "inspirado" ou, como é mais frequente, em alguns dias. O importante é que lhe demos, na medida do possível, um contexto cronológico e níveis de importância em relação à nossa situação atual, ou seja, o quanto os eventos nele relatados foram determinantes para que chegássemos a este ponto e condição em nossas vidas. Abrir nossos corações e memórias, num primeiro momento na forma de um "relatório" por escrito, pode e deve nos ajudar a "quebrar o gelo" interno e abrir caminho para o quinto passo, quando o faremos perante nós mesmos, um outro ser humano e de Deus, na forma em que cada um o concebe*: "Tenho para mim que os sofrimentos da presente vida não têm proporção alguma com a glória futura" (Rm 8, 18-22)*.

QUINTO PASSO DE DEP-ANON BRASIL®

5. Admitimos perante Deus, perante nós mesmos e perante outro ser humano a natureza exata de nossos sofrimentos.

O quinto passo de Dep-Anon Brasil® é o segundo passo prático de nosso itinerário. No anterior, o quarto, escrevemos; neste, falamos. Falar é libertador! Já dizia o autor de **"Um dia você aprende"** (texto atribuído a William Shakespeare, mas que, de fato, teve como autora Veronica A. Shoffstall, segundo outras fontes):

"Um dia você aprende que falar pode aliviar dores emocionais. E aprende a construir todas as suas estradas no hoje, porque o terreno do amanhã é incerto demais para os planos, e o futuro tem o costume de cair em meio ao vão."

Esta parte do poema nos propõe duas ideias. A primeira é de que falar sobre nossas dores emocionais as alivia. E hoje sabemos, a partir da psicossomática, que também nossas dores ou sofrimentos emocionais originados em nossa alma ou *psique* (grego) podem atingir, e ocorre com frequência, nosso corpo ou *sôma* (grego) originando sintomas físicos. Hipócrates (460 a.C.-370 a.C.), "Pai da Medicina", já na Antiga Grécia, considerava o homem como um todo, afirmando que *"nada é demasiado insignificante para ser registrado... nada que emane do paciente pode ser ignorado"*. Resulta daí que, por menor que sejam, os sintomas físicos podem se originar em profundos desequilíbrios na alma. Na época a dualidade entre alma e corpo, proposta por Platão, predominava, mas a relação entre ambas é evidente. Quando o autor do *Tratado da Arte* confere à inteligência o poder de captar o que está oculto nas profundezas do corpo, está implícito que a abordagem clínica não se esgota na visibilidade. Os fenômenos observados precisam ser interpretados, pois ver a profundidade *"é tornar o que se vê evidentemente não pelo ser, mas por um reflexo do ser, por um sinal"*, e o corpo nos dá muitos sinais de que alguma coisa não anda bem em nossa mente: *"ficar doente tem que ter um sentido"* (Silva, 2016, p. 57).

A outra questão proposta por esta parte do poema é a "ansiedade", sintoma frequente da depressão, embora não exclusivo. Quando o autor se refere a que *"o terreno do amanhã é incerto demais para os planos, e o futuro tem o costume de cair em meio ao vão",* indica justamente nossa "pré-ocupação" com o futuro, o amanhã. Esse sentimento que nos atormenta é a ansiedade, sintoma quase que generalizado em nossos dias e motivo de preocupação da própria OMS, embora esta contribua com os reiterados anúncios de desastres "iminentes" com esta situação. Não devemos, no entanto, confundir "ansiedade" com "angústia". A primeira tem a ver com o futuro e suas incógnitas. A segunda com o passado que costuma nos atormentar: ressentimentos, remorsos, culpas, reais ou não, que insistem em nos revisitar e determinar: *"Repeli para longe de vós todas as vossas culpas, para criardes em vós um coração novo" (Ez 18,31).*

Agora, por que admitir perante Deus nossas agruras e sofrimentos se, onisciente (sabe tudo), o Senhor que perscruta nossos corações já os conhece? *"Fala-vos meu coração, minha face vos busca; a vossa face, ó Senhor, eu a procuro" (Sl 26, 7-11).* Porque o quinto passo não se realiza apenas perante Deus e nós mesmos, mas também diante de outro ser humano, outra pessoa que, sem realizar um juízo moral ou de valor, nos ouvirá: *"Ouvireis o pequeno como o grande, sem temor de ninguém, porque o juízo é de Deus" (Dt 1,17)*. É uma oportunidade de sermos o que realmente somos, de confiarmos em alguém e, sinceros, "ouvir a nós mesmos de nós mesmos": *"Então eu vos confessei o meu pecado, e não mais dissimulei a minha culpa" (Sl 31,5)*. O processo de falar, no entanto, requer um ouvinte muito especial. Alguém que tenha ouvidos atentos, cuidadosos, alguém que possa acolher sem julgar qualquer coisa que esteja afligindo aquele que precisa falar, alguém que dê um lugar para aquilo que de estranho, dolorido ou surpreendente venha do outro. *"A expressão da vida e de tudo que se refere à mesma requer corpos atentos – ouvidos, olhos, falas, etc."*, Rubem Alves refere-se à arte de ouvir como "escutatória" em seu livro *O amor que acende a luz* (2011, p. 65). Faz uma analogia ao pontuar que *"existe até curso de oratória – arte de falar –, mas não existe curso de 'escutatória' – a arte de ouvir"*. Por isso, ao escolhermos um padrinho ou madrinha para com ele ou ela "abrirmos" o quinto passo, devemos ser criteriosos. Por exemplo, não basta termos confiança hoje nele ou nela, pois *"um dia você descobre que se levam anos para se construir confiança e apenas segundos para destruí-las, e que você pode fazer coisas em um instante, das quais se arrependerá pelo resto da vida"*. Padrinhos de quinto passo são para a vida toda (a não ser que haja uma dispensa de um lado ou de outro por motivos justificados), especialmente para os momentos difíceis, aqueles em quem primeiro pensamos quando nos vem à cabeça *"Para quem posso ligar?"*. É conveniente também que já tenha realizado, ele próprio, o quarto e quinto passos (não necessariamente de Dep-Anon, mas de NA ou AA) ou ao menos conheça nosso método. A garantia do sigilo absoluto é essencial para o sucesso deste passo. Encontrar nossa paz interior, por meio da admissão e escuta de nossos sentimentos mais profundos, é o fim desta etapa. A honestidade e a sinceridade em nosso quinto passo são premissas para uma verdadeira experiência libertadora: *"Estamos persuadidos de ter a consciência em paz, pois estamos decididos a procurar o bem em tudo" (Hb 13,18).*

"Uma alegria compartilhada é duplamente alegria; um sofrimento compartilhado é meio sofrimento" (ditado sueco).

SEXTO PASSO
DE DEP-ANON BRASIL®

6. Prontificamo-nos inteiramente a deixar que Deus desse um ressignificado aos nossos sofrimentos bem como humildade e coragem para reconhecê-los.

Este passo é uma reafirmação dos primeiros três passos de Dep-Anon Brasil®, pois nele a admissão ou aceitação, a fé e a entrega se fazem presentes, num **círculo virtuoso** que deverá se repetir durante toda a nossa vida. Ao contrário do **círculo vicioso,** em que sofrimentos, traumas e eventos negativos parecem ser insuperáveis e determinantes, o círculo virtuoso se caracteriza pela ressignificação e não pelo determinismo. O determinismo pressupõe a impossibilidade de superar eventos traumáticos e que seremos "condenados" a repetir a esse condicionamento irreversível, de forma automática e irreversível. Ressignificar a sua vida é encontrar novos sentidos e possibilidades para uma questão que parece não ter saída! Durante a sua vida você vai acumulando experiências, sejam boas ou traumáticas, e elas ficam todas armazenadas na sua mente, moldando quem você é. Como no primeiro passo a admissão ou aceitação são imprescindíveis para iniciarmos uma caminhada de libertação, a primeira medida para ressignificar o passado é fazer as pazes com ele. Mais objetivamente, aceitar o que aconteceu e seguir em frente. Não é possível superar o passado se você, ou qualquer outra pessoa, não reconhecer as barreiras emocionais ou mecanismos de defesa que precisam ser superados. As emoções existem para serem sentidas. Evitar senti-las pode não ser uma estratégia eficiente. Mas encará-las e perguntar "o que você está me dizendo?" pode indicar o que em sua vida tem feito manutenção de seu sofrimento, e qual necessidade você tem que não está sendo suprida. A negação é um dos mecanismos de defesa do inconsciente e consiste, justamente, em negar o que se sente de maneira subjetiva e fatos de maneira objetiva. No quinto passo admitimos perante Deus, outro ser humano e nós mesmos os nossos sofrimentos. Neste, pedimos que nos dê sabedoria para entendermos o quanto nos afetam e quais os caminhos para superá-los: ***"Dai, pois, ao vosso servo um coração sábio, capaz de julgar [...] e discernir entre o bem e o mal"*** (1Rs 3,9). É uma oração de súplica, na qual pedimos humildade para reconhecer e coragem para superar, como diz o salmista***: "Ó meu Deus, criai em mim um coração que seja puro e renovai-me o espírito de firmeza"*** (Sl 50, 12-13). Como todo processo de conscientização e mudança, poderá causar certo nível de ansiedade e também esta deverá ser identificada, bem como os "gatilhos" que a disparam. Este é um processo ou círculo que somente chegará ao fim quando nossa vida findar. Por isso devemos orar continuamente pedindo a Deus que renove em nós as virtudes que nos são necessárias para bem realizar este passo: ***"Recorrei ao Senhor e ao seu poder, procurai continuamente e sua face"*** (1Cr 16,11).

SÉTIMO PASSO
DE DEP-ANON BRASIL®

7. Humildemente pedimos a Ele que nos livrasse de nossas dores emocionais.

"**Aba! (Pai!), suplicava ele, 'Tudo te é possível; afasta de mim esse cálice!'" (Mc 14,36).** Assim o Senhor inicia sua oração ao Pai, no Horto das Oliveiras, na noite em que seria entregue aos seus algozes. Vejam que Jesus roga a Deus-Pai, para quem tudo é possível, que afaste o sofrimento que sabe que há de vir, mas completa: **"contudo, não seja como eu quero, mas sim como tu queres" (Mc 14, 39).** O Filho de Deus também padeceu dores emocionais, verdadeiro sofrimento, ficou profundamente angustiado e o seu suor se tornou grandes gotas de sangue (Lc 22, 44). Segundo a Medicina, esse evento é chamado de hematidrose ou suar sangue! É um fenômeno raríssimo causado por uma profunda emoção, por um grande medo. Portanto o medo, a angústia, os sofrimentos emocionais são profundamente humanos e querer evitá-los também. A exemplo de Jesus também nós podemos e devemos elevar nossas preces e súplicas a Deus no sentido de que sejamos libertados não das experiências em si, mas das dores que estas provocam: **"Senhor, se queres podes curar-me" (Mt 8,2)**. Também nessa passagem bíblica encontramos um anjo confortando o Messias (Lc 22, 43), o que significa que há sempre entre nós e Deus um ser celestial encarregado de levar nossas súplicas e trazer as respostas, pois cremos firmemente que somente o Senhor pode nos livrar de sofrimentos extremos: **"Este infeliz gritou a Deus, e foi ouvido, e o Senhor o libertou de toda a angústia" (Salmo 33/34)**. Este passo está intimamente ligado, como os demais, de fato, ao anterior. Ao ressignificar nossos sofrimentos por meio do conhecimento de Sua vontade e planos em relação a nós, o Criador não anula os eventos em si, mas evidencia o que estes representam ou podem representar para a nossa vida, segundo a Sua ótica e, para além disso, para a nossa própria salvação. Ou seja, nossos sofrimentos, unidos aos sofrimentos do Cristo na cruz, colaboram para a nossa própria redenção e à do mundo inteiro. Sem cruz não há ressurreição e, sem esta, não há Redenção: **"Restaurai-nos, ó Senhor; mostrai-nos serena a vossa face e seremos salvos" (Sl 79,4)**. Todos conhecemos os eventos que conduziram Jesus ao calvário e os sofrimentos indizíveis pelos quais o Cordeiro de Deus ainda teve de passar até a morte, e morte de cruz. Levaria ainda algum tempo para que os apóstolos e demais discípulos compreendessem o significado dessa dolorosa paixão e a necessidade desta para o cumprimento das promessas de Deus. Também pode, e com muita frequência, ser assim conosco. O tempo de Deus não é o nosso tempo e poderemos ter que repetir nossas súplicas inúmeras vezes antes de termos nossas preces atendidas, ou não. Quando noviço perguntei ao nosso mestre formador por que Deus não atendia minhas preces, e ele disse: "Deus às vezes diz não, sabia?". Com Deus não há "talvez", Ele sabe exatamente do que e de quando precisamos e nos dá conforme as nossas necessidades e nosso Bem, a saber, o que nos eleva já nesta vida e nos conduz, ao findar o tempo da graça, à vida eterna: **"Voltai, Senhor, livrai minha alma" (Sl 6,5)**.

OITAVO PASSO DE DEP-ANON BRASIL®

8. Fizemos uma lista de todas as pessoas às quais nosso comportamento, vitimização, autopiedade e desânimo tenham prejudicado e nos dispusemos a reparar os danos a elas causados.

O oitavo passo de Dep-Anon Brasil® é extremamente prático... e difícil. Até porque não se trata aqui, necessariamente, de nossos atos conscientes, mas de nossa falta de esforço e "ganhos secundários" dos quais não abrimos mão; me explico: por atos conscientes se entendem aqueles pelos quais somos responsáveis, que exigem consciência (saber), afeto (querer) e a concretização do ato em si (fazer) ou seja, eu "sei", eu "quero" eu "faço". Todo ato assim tomado nos torna responsáveis por ele, por suas consequências, é o que chamamos de "dolo". Somos, portanto, responsáveis pelo que fazemos, ou deixamos de fazer (omissão) quando sabemos, queremos e fazemos algo conscientemente. Vejam que mesmo doenças ou transtornos mentais não nos eximem de culpa, embora o artigo 26 do Código Penal descreva o conceito do que é um inimputável: "pessoas que, por doença ou mal desenvolvimento mental, não podiam entender que o ato que cometeram era um crime, e por isso não são penalizadas". No entanto a definição de crime volta a ser independente da imputabilidade do delinquente e o doente mental não deixa de ser criminoso em decorrência de seu estado, embora não lhe seja imputada culpa. Mas não saber o que é "certo" ou "errado" é o mesmo que não saber que é um crime? A resposta é um sonoro "NÃO"! A Lei Positiva é aquela criada pelos legisladores de um país, seu Parlamento, e aplicada pelos Poderes Judiciário e Executivo dentro de suas respectivas prerrogativas. Já a Lei Natural vem escrita no coração de cada ser humano pelo Criador, são leis naturais no sentido de que "nascemos" com elas e de alguma forma são aceitas pelo conjunto da humanidade. Exemplo dessa lei é o respeito à vida humana e à sua dignidade. Portanto saber se é crime ou não (lei positiva) não nos exime de saber se é moralmente certo ou errado (Lei Natural). Realizar este passo tão específico pressupõe que sabíamos o que estávamos fazendo, se era certo ou errado, bom ou mau e que, mesmo assim, escolhemos fazê-lo. A depressão não é uma desculpa "perfeita" para não nos esforçarmos superando a desmotivação e o desânimo. No momento em que escrevo este texto, por exemplo, não estou muito bem; uma crise de uns três dias me acometeu, me afastando do trabalho e do livro. A falta de medicação antidepressiva foi decisiva para este quadro. Devidamente medicado e de volta ao trabalho, mesmo que não totalmente recuperado, posso sentir o ânimo voltando, quase que fisicamente, ao meu ser. São nesses momentos que, frequentemente, fazemos a "opção" que exige menos esforço, a saber, nos vitimizar e cair nos atalhos sempre perigosos e inúteis conhecidos por "PCC": pornografia, cama e comida. É a isso que me refiro quando falo em "ganhos secundários", ou seja, a tendência de chamarmos a atenção por meio de nossas queixas contra tudo e contra todos, assumindo o papel de "vítimas". Neste teatro criamos personagens e atribuímos o papel que mais nos convém, quase sempre, de vítima. Mas o mal que causamos a quem nos rodeia não é ficção. Colocar-nos no lugar de vítima significa, necessariamente, atribuir aos outros os papéis de "vilão", "caçador" ou "perseguidor" e isso os afeta, às vezes indelevelmente. O sentimento de culpa é a principal consequência dessa nossa atitude. Especialmente pais, cônjuges e filhos são os mais afetados. Perguntam-se frequentemente "Onde foi que erramos?" ou "O que fiz para merecer isso?" ou, ainda, "Meu pai ou minha mãe não me amam, não sou digno do seu amor?". Entretanto não questionamos a nós mesmos sobre o quanto fazemos mal a quem, supostamente, amamos e o quanto isso nos afasta e isola dos outros e do mundo em geral. Portanto, dificilmente somos isolados ou afastados, frequentemente somos nós que o fazemos. Quando vislumbramos uma luz no final do túnel, ao invés de correr ao seu encontro, corremos dela! É a atitude da presa perante o agressor: nos isolamos tornando-nos presa fácil já que, longe da manada, não temos a mínima chance, e o inimigo sabe disso. Fazer um inventário das pessoas que, mesmo sem intenção ou inconscientemente, prejudicamos com nossas lamentações e falta de esforço é uma forma de reconhecimento dos seus esforços em relação a nós, pois, verdade seja dita, não somos fáceis de lidar e, muitas vezes, não fazemos questão de sê-lo. Colocar os sentimentos e sofrimentos dos outros acima dos próprios é uma forma de diminuir o meu egocentrismo: **"Não busco os meus interesses próprios, mas os interesses dos outros, para que todos sejam salvos"** (1Cor 10, 33). Nossos amigos e familiares são os principais sacrificados no altar de nosso ego, justamente aqueles que não desistem de nós: **"Um amigo não se conhece durante a prosperidade"** (Eclo 12,8).

Fazer reparações diretas dos danos a eles causados é um sinal de fortaleza e não de fraqueza, pois reconhecer nossas limitações e medos perante aqueles que amamos significa ganhá-los e não os perder: **"Não abandones um velho amigo, pois um novo não o valerá"** (Eclo 9,14).

"Quem machuca um olho, dele faz saírem lágrimas; quem magoa um coração, nele excita a sensibilidade" (Eclo 22, 24-32).

NONO PASSO
DE DEP-ANON BRASIL®

9. Fizemos reparações diretas a tais pessoas sempre que possível, exceto quando as fazer pudesse prejudicá-las ou a outros.

O nono passo de Dep-Anon Brasil® é, sem dúvida, uma oportunidade ímpar de "colocar os pingos nos 'is'"! Precisamos de muita coragem para admitir que, talvez, nossos comportamentos impróprios tenham prejudicado algumas pessoas. Precisaremos, no entanto, muito mais coragem para fazê-lo perante as próprias: **"Meus filhinhos, não amemos com palavras nem com a língua, mas por atos e em verdade"** já nos dizia São João em sua primeira carta **(1Jo 3,18)**. Fazer reparações diretas significa atuar de maneira que nossas atitudes, ou a falta delas, sejam compensadas, esclarecidas, perdoadas e mesmo revertidas. As compensações podem ser de natureza financeira, afetiva ou moral. Verdades devem ser ditas, fatos esclarecidos e pedidos de perdão realizados. Também o autoperdão deve ser exercido, pois **"ao que pouco se perdoa, pouco se ama" (Lc 7,47)**, ou seja, como posso amar alguém se não me amo? Ou como perdoar se não me perdoo?

Notem que o passo coloca um "porém": "exceto quando as fazer pudesse prejudicá-las ou a outros", isto é, nem sempre é possível ou conveniente realizar reparações "diretas". Quando isso pode ocorrer? Há várias situações, entre elas as financeiras. O valor dos cuidados que recebemos quando podíamos e devíamos ter reagido, por exemplo, é imensurável. Quantas vezes deixamos de trabalhar, ou alguém o fez para que pudéssemos ficar na nossa zona de conforto, "acamados" ou curtindo uma de nossas compulsões (PCC) substitutivas? É importante destacar: podíamos ter reagido, não o fizemos porque não quisemos, criando apenas despesas e cansaço aos nossos entes queridos. Quando apelamos às drogas, então, multiplique esses gastos por mil! Também não é fácil, e muitas vezes inexequível, reparar o sentimento de culpa que causamos a quem nos ama, fazendo-os pensar, às vezes durante a vida toda, que são responsáveis por nossos infortúnios, fracassos e frustrações. E nós realmente alimentamos, muitas vezes, esse sentimento; quase todos nós encontramos, especialmente em nossa família imediata, alguém que é o culpado, nosso perseguidor ou a causa de nossa não adaptação ao mundo. São os "bodes expiatórios" de nosso deserto interior. Não raras vezes atribuímos a eles, no mínimo, uma oposição passiva; no máximo, um ódio explicito: **"Se alguém disser: 'amo a Deus' mas odeia seu irmão, é mentiroso" (1Jo 4,20s)**. Materialmente falando, podemos levar anos para reparar nossos momentos de "inutilidade culposa", talvez a vida toda. Fissuras afetivas podem jamais ser fechadas. Relações não serão as mesmas. Nesses casos, se perdoar e procurar o perdão, a compreensão e abrir-se são as reparações possíveis e mais perenes. Dizer como se sente e esperar ao menos ser escutado é uma forma de extravasar a dor e transformá-la em diálogo, não monólogo. Perdão é uma via de mão dupla. A iniciativa e o momento certo para isso devem partir de nós e precisamos estar preparados para a incompreensão ou mesmo a recusa de ambos. Nossa "parte" é estarmos disponíveis e sermos humildes e a dos outros é apenas "saber" que "sabemos" e que queremos resolver. Reparar é um ato de compaixão.

DÉCIMO PASSO
DE DEP-ANON BRASIL®

10. Continuamos fazendo nosso inventário pessoal e, quando errados, admitíamos prontamente.

"**Quem dissimula as suas faltas não há de prosperar; quem as confessa e as detesta obtém misericórdia" (Pr 28,13).** O itinerário espiritual dos 12 Passos de Dep-Anon Brasil® é o que podemos chamar de "círculo virtuoso", em oposição ao "círculo vicioso" que iniciamos desde tenra idade, quando a negação, a projeção e diversos outros mecanismos de defesa do inconsciente se instalam e nos colocam em rota de fuga permanente, evitando ou postergando assim as consequências das decisões que tomamos ou não queremos tomar em nossas vidas. A esse processo chamamos de "dialética de base", dinâmica mental que nos leva a tomar determinadas decisões ou fugir delas. Nosso método é dinâmico, como é a nossa vida. Retomamos cada passo a cada momento no decorrer de nossas vidas, diária, semanal ou mensalmente. O mais provável, porém, é que seja a cada momento, o tempo todo em que estamos conscientes de nossa existência; pensamentos, relações interpessoais, eventos e relações de causalidade. Não há, pois, um único dia que não precisemos tomar decisões, mesmo que não tenham origem ou conotação moral, ou seja, moralmente "neutras". Por exemplo, o que vestir, comer, ler, ver na televisão etc., no entanto, dificilmente há um dia sequer em que decisões ou omissões moralmente significativas não precisem ser tomadas. Estas, ao contrário das primeiras, afetam nossas relações pessoais e sociais, ou seja, as outras pessoas. Um exemplo clássico é a adicção por drogas e o alcoolismo. É quase impossível mensurar os estragos que os adictos causam a si mesmos, à família, à sociedade como tal. O inventário moral é uma espécie de "exame da consciência", como o adotado na Igreja Católica Romana por ocasião da preparação para o sacramento da penitência ou confissão. Nesse exame procuramos conhecer e reconhecer nossas faltas dolosas, aqueles atos ou omissões que praticamos livre e conscientemente e dos quais verdadeiramente nos arrependemos, a fim de que nossa consciência permaneça tranquila: **"Mantenho firme minha justiça, não a abandonarei; minha consciência não acusa nenhum de meus dias" (Jó 27, 6)**. Evidentemente este passo dá ensejo para que realizemos novas reparações, "oxigenando" relações com Deus, consigo mesmo e com outros seres humanos. É disso que se trata quando falamos em "círculo virtuoso": um processo dinâmico de tentativas, acertos e erros, de tomada de consciência e de exercício da liberdade e da maturidade que se espera ao sermos corrigidos ou nos "autocorrigirmos", **"porque o Senhor castiga aquele a quem ama" (Pr 3, 11s)**.

DÉCIMO PRIMEIRO PASSO DE DEP-ANON BRASIL®

11. Procuramos através da prece e meditação melhorar nosso contato consciente com Deus, como nós O entendemos, rogando somente o conhecimento de Sua vontade em relação a nós e forças para realizá-la.

A oração ou prece pode ser considerada como "uma conversa" com seu Poder Superior, que assume a forma dum diálogo pessoal, íntimo e profundo, entre o homem e Deus; é o encontro de duas liberdades: a infinita, de Deus, e a finita, do homem. As orações geralmente vêm em uma das três categorias a seguir: súplica (pedidos de ajuda), ação de graças (agradecimento) e inspiração (despertar espiritual). Deus não é um "Papai Noel" espiritual concedendo desejos. Em vez disso, ore por aquelas coisas para as quais Deus dirá "sim": ore por força, ore por sabedoria, ore por paciência, ore por perseverança, ore por constância etc. Devemos pedir incessantemente não pelo que queremos, mas por aquilo de que precisamos. E lembre: Deus pode dizer "não": **"Fecha a porta e ora a teu Pai em segredo" (Mt 6,6);** Não "conseguir rezar" e, consequentemente, a aflição e a desolação não constituem um sinal de que o Espírito tenha abandonado a alma. Como os mestres espirituais sempre reconheceram claramente, podem até, pelo contrário, ser uma participação autêntica no estado de abandono de Nosso Senhor sobre a cruz, no qual Senhor é sempre o modelo e o mediador da oração. A procura de Deus por meio da oração deve ser precedida e acompanhada pela ascese e pela purificação dos próprios pecados e erros, porque, segundo a palavra de Jesus, somente **"os puros de coração verão a Deus" (Mt. 5, 8)**. O vazio de que Deus precisa é o da renúncia ao próprio egoísmo, não necessariamente o da renúncia às coisas criadas que Ele nos deu e no meio das quais nos colocou. Santo Agostinho é um mestre insigne sobre este ponto: *"se queres encontrar a Deus — diz —, abandona o mundo exterior e entra em ti mesmo. Todavia — prossegue —, não fiques em ti mesmo, mas vai mais além, porque tu não és Deus: Ele é mais profundo e maior do que tu"*. *"Procuro a sua substância na minha alma e não a encontro; meditei, todavia, sobre a pesquisa de Deus e, inclinado para Ele, procurei conhecer, através das coisas criadas, 'a realidade invisível de Deus'"* (Rm. 1, 20). Fechar-se em si mesmo: eis o verdadeiro perigo. O grande Doutor da Igreja recomenda o concentrar-se em si mesmo, mas também o ultrapassar o eu que não é Deus, mas só uma criatura. Deus é **"*interior intimo meo, et superior summo meo*"** (Deus está acima do que em mim há de mais elevado e é mais interior do que aquilo que eu tenho de mais íntimo). Com efeito, Deus está em nós e conosco, mas transcende-nos no Seu mistério. A Palavra de Deus pode e deve ser para nós, cristãos, a fonte de inspiração, tanto para a oração quanto para a meditação.

Já a meditação pode ser considerada como um "ouvir" a si mesmo e ao seu Poder Superior. Algumas religiões e filosofias, especialmente orientais, dizem que a meditação é estar no estado de "ausência de pensamento". No entanto, no Ocidente judaico-cristão, a tradição milenar dos mosteiros cristãos e a sabedoria judaica afirmam que um estado meditativo é aquele em que você observa seus pensamentos e os deixa passar com aceitação e sem julgamento; é estar ciente do momento presente e experimentá-lo conscientemente e recusar técnicas impessoais ou centradas sobre o eu, as quais tendem a produzir automatismos nos quais o orante cai prisioneiro dum espiritualismo intimista, incapaz duma livre abertura para o Deus transcendente. Pode começar ou terminar com uma oração, mas não se confunde com ela. Há no Ocidente diversos métodos de meditação que místicos e santos nos legaram, como Teresa de Jesus, Santo Agostinho, São João da Cruz e Santo Inácio de Loyola. A legítima busca de novos métodos de meditação deverá ter sempre em conta que precisamos, certamente, de determinados tempos de retiro na solidão, para nos recolhermos e reencontrarmos o nosso caminho junto de Deus. Mas, dado o seu carácter de criatura, e de criatura que sabe que toda a sua segurança está na graça, o seu modo de aproximar-se de Deus não se funda numa *técnica*, no sentido estrito da palavra. A mística cristã autêntica não tem nada a ver com a técnica: é sempre um dom de Deus, do qual se sente indigno quem dele se beneficia. Qualquer que seja o método e, sim, devemos ter um método, importa entender que a meditação é um centrar-se em si à procura do outro, sem que isso implique que o eu pessoal e a sua criaturalidade devam ser anulados e desaparecer no mar do Absoluto. Para fins de entendimento dos termos, em relação à Vontade de Deus, usarei os termos "predestinação" e "destino" nos seguintes significados: "predestinação" é a Vontade de Deus a nosso respeito, ou seja, o que Ele espera de nós e o que nos aguarda se trilharmos o caminho por Ele traçado para a nossa vida. Destino é o fim que nos aguarda, independentemente do que Deus quer de nós. Sabemos aonde vai nos levar, mesmo assim assumimos o risco. O destino, portanto, não é desconhecido se escolhemos chegar lá e pegamos o caminho ou "compramos a passagem" errada deliberadamente. Estranho seria se comprássemos a passagem para certo lugar, ou destino, e chegássemos a outro. Portanto somos todos predestinados ao céu, à Visão Beatífica, ao "ser um com Deus", a "participar" da vida Dele. No entanto, nossas escolhas podem mudar o "destino" de nossa viagem; podemos comprar a passagem errada ou decidirmos ir a outro lugar, talvez ao tentarmos os atalhos na floresta. Quem conhece a história da Chapeuzinho Vermelho sabe que pegar atalhos, apesar dos avisos para não o fazer, pode, e normalmente é, uma péssima ideia. Foco, fé e oração: não há atalhos!

DÉCIMO SEGUNDO PASSO DE DEP-ANON BRASIL®

12. Tendo experimentado um despertar espiritual como resultado destes passos, procuramos transmitir esta mensagem aos que são ou se encontram deprimidos e praticar estes princípios em todas as nossas atividades.

Finalmente, chegamos ao décimo segundo passo de Dep-Anon Brasil®. É o ápice deste itinerário espiritual, quando, após meses, dias ou anos procurando conhecer os motivos de nossos sofrimentos e buscando o sentido de nossas vidas, encontramos respostas para a maioria de nossas indagações mais profundas, com a ajuda de nosso Poder Superior e de nosso programa: **"Agora estais tristes, mas [...] vosso coração se alegrará e ninguém vos tirará a vossa alegria" (Jo 16,22)**. O "círculo virtuoso" está aparentemente completo; aparentemente. Encontramos o nosso caminho de recuperação e cura, e o fizemos num grupo, com companheiros que vêm e vão, chegam, desistem, retornam e perseveram, numa dinâmica vital que exige que saiamos de nosso egoísmo e nos coloquemos a serviço do outro, como afirma o Papa Francisco em sua exortação apostólica Evangelii

Gaudium (EG), a alegria do evangelho, ao se referir à "saída [da Igreja] para ir ao encontro da alteridade": **"porque quem deseja viver com dignidade e em plenitude não tem outro caminho senão reconhecer o outro e buscar o seu bem" (EG 9)**. Vale também para nós que, tendo experimentado o "despertar espiritual" que nosso programa de 12 passos nos propiciou, devemos ir ao encontro de outros irmãos e irmãs que padecem com a depressão e ainda estão **"perdidos no vale das sombras da morte" (Sl 23,4)**, procurando uma luz para os orientar, luz essa que nós já vislumbramos graças ao nosso Poder Superior e ao programa: **"Como poderíamos agradecer a Deus por vós, por toda a alegria que tivemos diante dele por vossa causa"? (1Ts 3-9)**. Se num primeiro momento o décimo segundo passo nos provoca a ir aos outros, por outro lado nos lembra de que a melhor forma de testemunho é o pessoal: "procuramos praticar estes passos em todas as nossas atividades", no dia a dia, em nosso trabalho, em casa, no grupo de apoio, com a orientação e iluminação de nosso Poder Superior: **"Mas, descerá sobre vós o Espírito Santo e vos dará força; e sereis minhas testemunhas" (At 1,8)**. A fidelidade ao programa é essencial para que mais e mais pessoas percebam e acreditem que curar ou se recuperar da depressão é possível. Embora a recuperação seja pessoal, intransferível e de responsabilidade de cada indivíduo, o programa prevê uma caminhada grupal, de companheirismo, de mútua ajuda, pois os passos ou princípios estão acima das personalidades: **"Eu recebi do Senhor o que vos transmiti" (1Cor 11 23-27)** e portanto devem ser repercutidos fielmente, como os aprendemos no grupo de Dep-Anon Brasil®. Essa fidelidade aos passos, método e códigos são o sinal inequívoco de que estamos imbuídos das mesmas razões e propósitos e não de vaidades pessoais: **"Eis aqui um sinal de que sou eu que te envio" (Ex 3,12)**. O décimo segundo passo é, mais do que um convite, um dever, uma provocação, um imperativo a todos os que, orientados pelo grupo de apoio, por meio do programa de Dep-Anon Brasil®, e iluminados pelo Poder Superior na forma em que cada um o concebe, chegaram à recuperação plena do sentido de suas vidas: **"Ide, pois, e ensinai a todas as nações" (Mt 28, 19)**!

Para finalizar este roteiro dos 12 Passos de Dep-Anon Brasil® é mister lembrar que este programa é para toda a vida. Será um recomeçar constante, um ou mais "leões" por dia a serem vencidos; recaídas a serem assumidas e superadas; perguntas sem respostas. O importante é podermos chegar ao final de nossas vidas neste mundo e afirmar como São Paulo em sua derradeira carta a Timóteo: **"Combati o bom combate, terminei a corrida, guardei a fé" (II Timóteo 4, 7)**.

OS PERIGOS DO PCC

Não, não se trata da facção criminosa que assola o país, mais especificamente os estados de São Paulo, Rio de Janeiro e atualmente grande parte do Norte e Nordeste brasileiros. O termo "PCC" aqui se refere a perigos ou tendências aos quais nós, depressivos ou deprimidos, costumamos ceder em nossas crises agudas: **P**ornografia, **C**ama e **C**omida. Há em nós uma verdadeira necessidade de obter algum prazer que rivalize com nosso mal-estar, que nos proporcione uma trégua mais ou menos imediata em meio à tristeza e aos conflitos internos. É mais comum do que se pensa. Em nosso grupo de Dep-Anon Brasil® todos os membros relataram "cair" frequentemente nesses escapes ou fugas que nos autoconcedemos quase que como uma "compensação" pelos sofrimentos por que passamos. A pornografia não significa aqui, necessariamente, o sexo. Nos dias de hoje, em que temos acesso à internet na palma da mão, os sites de pornografia, de relacionamento e, inclusive, de "perversões" sexuais são facilmente encontrados e as facilidades para adquirir os aparelhos celulares garantem a privacidade, afastando o indivíduo das relações sociais e isolando-o do convívio entre os seus. Para além das questões morais atinentes a esse vício, há questões psicológicas que afetam nossas relações sociais e, especialmente, a vida conjugal e familiar em geral. Quando nos referimos à "cama" estamos falando da dificuldade frequentemente enfrentada por nós para "simplesmente nos levantarmos da cama". Alguns de nós ficamos dias a fio em nossos quartos, muitas vezes sem sair debaixo das cobertas e desrespeitando inclusive regras básicas de higiene. É comum sequer nos alimentarmos. Particularmente, em minhas crises depressivas mais agudas, a pergunta que mais me faço ao acordar (se é que consigo dormir) é: qual o sentido de levantar? Nada me espera lá fora, ao menos nada que eu deseje enfrentar! Trabalho, ou falta deste, família, multidões, escola nos exasperam e a simples lembrança dessas coisas nos faz preferir a inconsciência do sono a enfrentá-los. Como disse Hamlet[3] em seu épico discurso: *"Ser ou não ser? Eis a questão! Será mais nobre em nosso espírito sofrer pedras e flechas com que a fortuna, enfurecida, nos alveja, ou insurgir-nos contra um mar de provocações e em luta opor-lhes fim? Morrer... dormir".* Já a comida, bem, a comida... Um dos sintomas da depressão é justamente a mudança drástica em nossos hábitos alimentares: comemos demais ou, simplesmente, deixamos de nos alimentar. A ansiedade está na origem dos que optam pela primeira opção: comemos o tempo todo, de tudo e sem limites, "como se não houvesse amanhã". Que dificuldade em manter o equilíbrio aristotélico: "a virtude está no meio". Estar consciente dessa dinâmica ou círculo vicioso e admiti-lo é o primeiro passo para evitar futuros gatilhos e, portanto, novas e terríveis crises que tendem a se tornar mais frequentes e graves se não encaradas de frente.

Apesar de não estar na sigla PCC, poderia ser um segundo "P", e não menos importante, a procrastinação. Segundo o dicionário: é a ação de postergar ou atrasar algo, como uma tarefa, compromisso ou atividade. Isso é feito principalmente se dedicando a outras tarefas – muitas vezes, de menor importância e mais prazerosa. É um atraso desnecessário e irracional de uma tarefa ou tomada de decisão acompanhado de desconforto psicológico e emoções negativas, como culpa e insatisfação (Basco, 2010; Ellis; Knaus, 1977; Haghbin; McCaffrey; Pychyl, 2012 *apud* Costa, 2013). A procrastinação pode ter causas psicológicas e fisiológicas. No primeiro caso, a procrastinação pode estar ligada a transtornos mentais, como ansiedade e problemas de autoestima. Há quem deixe de realizar uma tarefa por medo de reprovação, por exemplo. A segunda causa da procrastinação está relacionada ao cérebro, mais precisamente ao córtex pré-frontal. Se há algo incomum com essa área, como uma lesão, por exemplo, o indivíduo pode sofrer mais com

---

[3] Disponível em: https://www.culturagenial.com/ser-ou-nao-ser-eis-a-questao/. Acesso em: 15 jan. 2024.

as distrações externas. Isso ocorre porque o córtex pré-frontal é responsável, entre outras coisas, pelo controle dos impulsos e determinação do foco. O fato é que deixamos as coisas "pra depois" na tentativa de evitar um sofrimento momentâneo e com isso o que conseguimos é um mal-estar mais duradouro e a consciência pesada. Já notaram que ao se superar e fazer o que deve ser feito, no momento em que deve ser feito, a sensação de dever cumprido é tremendamente prazerosa? Não deixe para depois o que você pode fazer hoje, agora!

VINGADORES - ULTIMATO

Eis como comecei uma série de palestras, há cerca de sete anos, nas redes municipal e estadual de educação no município de Canoas, região metropolitana de Porto Alegre. Decidi por esse trabalho em função de uma estatística que me assombrou: um aumento de 300% nas tentativas de suicídio e/ou automutilações entre crianças e adolescentes na cidade. A pergunta de Hamlet, no drama de Shakespeare (1ª cena, terceiro ato) diz: "Será mais nobre em nosso espírito sofrer pedras e flechas com que a Fortuna, enfurecida, nos alveja, ou insurgir-nos contra um mar de provocações e em luta pôr-lhes fim? Morrer... dormir".

Essa famosa frase do monólogo de Hamlet propõe uma questão simples; quem não a fez? Se "ser" é "existir", "ser ou não ser" se trata de "viver ou morrer". Com uma caveira na mão, embora a cena se passe num cemitério com o crânio do bobo da corte (cena 1, quinto ato) e não durante essa parte da peça, faço esta pergunta aos alunos: quem aqui já pensou em ir a um lugar longínquo, onde ninguém te conhece, uma ilha deserta (sem nem mesmo internet) onde não haja problemas e tal? Todos levantam a mão, todos! Essa é uma forma menos agressiva, direta, de perguntar "quem já pensou em abandonar tudo, morrer?". Isso é o que chamamos em Psicologia de "ideação suicida". Por que Hamlet não o faz? Porque tem os mesmos receios que a maioria de nós: não sabemos se o que vem depois é pior ou temos medo de uma eternidade de castigos reservados a quem tira a própria vida. O paradoxo dessa situação é que ninguém que tenha "conseguido" ir até o fim possa nos esclarecer a questão. Mas como abordar isso com crianças, adolescentes e jovens que têm toda uma vida pela frente e já passam por situações que consideram incontornáveis? Não podemos subestimar o sofrimento de quem, como nós há muito tempo, ainda não conhece todos os caminhos, subterfúgios e saídas que só o "viver", a experiência e a fé nos proporcionam. Nenhum motivo é pequeno para quem está apenas vislumbrando um oceano cheio de mistérios e desafios à sua frente, principalmente se está ainda aprendendo a nadar e somente colocou um pé na água para conferir a temperatura dela. Já dizia o saudoso papa Bento XVI: "Ninguém, a não ser Deus, tem total acesso à profundidade do outro". Por isso **nunca devemos subestimar a dor de alguém**: você não tem ideia do quão possa ser profunda. A própria dor e capacidade de superá-la não servem, necessariamente, de parâmetros para os outros. Temos "tempos" e capacidades diferentes e, por vezes, simplesmente, não superamos; é como um luto não processado. Na produção cinematográfica *Vingadores: Ultimato* (que abordei nas palestras inclusive levando a famosa "manopla", por mim confeccionada) a questão filosófica da morte e do existir são levantadas, embora pouca gente tenha percebido, ao menos conscientemente. O personagem Thanos, vilão da saga, se apresenta em determinado momento como "inevitável"; ora, quem é inevitável? A morte! Não por acaso o nome "Thanos" vem do grego *Thánatos*, personificação da morte na mitologia grega (não confundir com Hades, deus do submundo para onde iriam os mortos). Em contrapartida, todos os seres vivos, representados pelos Vingadores e aliados, se "rebelam" contra o "inevitável", juntam forças e o enfrentam. Não aceitam a morte, o "não ser", a extinção que vem por uma decisão arbitrária de quem decide (literalmente num estalar de dedos) quem é ou não é necessário, numa espécie de genocídio ou eugenia universais. Se observarmos bem, veremos que os personagens não são aleatórios, representam toda a criação, inclusive as "criações das criaturas": vegetais (eu sou Groot), animais (Rocket), seres humanos, alienígenas, robôs, meta-humanos, anciãos, jovens, enfim tudo o que vive se rebela contra a morte (Thanos) num confronto apocalíptico em que o Mal é derrotado e alguns personagens que haviam desaparecido na "extinção" reaparecem... vivos. O filme nos mostra que viver e manter a própria vida é uma vontade, necessidade natural, imanente ao ser vivo. Lutamos contra o fim, nos rebelamos contra quem ou o que se nos apresenta como ameaça, nos autodefendemos e aos que amamos, especialmente em se tratando de quem possa garantir nossa descendência e memória. Em outras palavras: não queremos deixar de existir. Tudo em nós foi criado para subsistir, lutar e resistir. Por que alguns de nós, aparentemente, desistem? Minha própria experiência e a de muitos que conheci e conheço é: **"não queremos morrer, só não queremos viver do jeito que vivemos; não desistimos da vida, apenas não suportamos esta vida que levamos"**. A vida ainda lateja em nós, nossa natureza apegada à vida nos faz resistir, ir além, mais um pouco e um pouco e... Argumentos como "você é inteligente", "tem isto, tem aquilo", "tem gente que está em situações piores" ou "tudo vai melhorar" não ajudam, só aumentam a sensação de intransferível fracasso. Não são racionais os motivos que nos levam a desistir desta vida, portanto, não há muito o que argumentar com quem não a suporta, ao menos do jeito que está. A escuta e a presença são a melhor ajuda nessas situações, afinal, ninguém escuta quem já não está aqui para falar e falar com quem já não está aqui não tem sentido, não é?

É este "mais um pouco" que me faz escrever e publicar este livro.

UMA ABORDAGEM FILOSÓFICA SOBRE O SENTIDO DA VIDA

"Ser ou não ser..."

Hamlet está entrando em cena quando começa um monólogo. A frase de abertura do monólogo é **"Ser ou não ser, eis a questão"**. Por mais que a questão pareça complexa, na verdade é muito simples. Ser ou não ser é exatamente isto: existir ou não existir, em última instância, **viver ou morrer**.

O personagem do drama de Shakespeare continua: **"Será mais nobre em nosso espírito sofrer perdas e flechas com que a Fortuna, enfurecida, nos alveja, ou insurgirmos contra um mar de provocações e em luta pôr-lhes fim? Morrer... dormir"**. A vida é cheia de tormentos e sofrimentos, e a dúvida de Hamlet é se será melhor aceitar a existência com a sua dor inerente ou acabar com a vida.

Hamlet continua o seu questionamento. Se a vida é um constante sofrimento, a morte parece ser a solução, porém **a incerteza da morte supera os sofrimentos da vida**. A consciência da existência é o que acovarda o pensamento suicida, **pois diante dela se detêm o medo do que possa (ou não) existir após a morte**. O dilema de Hamlet é agravado pela possibilidade de **sofrer eternas punições por ser uma suicida**.

A pergunta é profundamente existencial ou existencialmente profunda. **Hamlet se questiona sobre o existir como viver com autenticidade, com integridade.** Falamos muito de integridade como sinônimo de honestidade. Íntegro, socialmente falando, é aquele que não rouba, não mente, não manipula as pessoas. Sim, esse sentido é correto. Porém, ser íntegro vai além de ser honesto e cumpridor das regras e leis. **Ser**

íntegro é ser coerente consigo mesmo. Um filme exibido na íntegra é aquele que não tem cortes, que não tem cenas censuradas. **O sujeito íntegro é aquele que vive e se apresenta socialmente sem cortes, sem máscaras que escondam parcelas inconvenientes da personalidade.** É aquele sujeito que não concorda com alguém para agradar. É o sujeito que defende seus pontos de vista e principalmente **age de acordo com a sua forma de pensar e sentir (deve, porém, lembrar que há convenções sociais: há maneiras socialmente aceitas de fazer isso).**

O sentido da vida

Quando procuramos um sentido para alguma coisa, procuramos além da coisa, ou seja, em relação ao todo, ao fim. Estudar para a prova ou para saber? Saber para a prova ou para a vida? Sempre há um momento e um "além". Metas a curto, médio e longo prazos tanto mais amplas e abrangentes quanto a importância que têm ou que lhe atribuímos. Como dizia Sêneca: **"As nossas deliberações serão vãs desde que não tenham um alvo preciso a atingir; quem não conhece o porto que deseja atingir nunca encontrará ventos propícios"**.

Também, e principalmente, na vida devemos ter no horizonte, em mente, o todo, o fim último dela. Chamamos isso de "vocação" (ou seja, a que somos e nos sentimos chamados nesta vida?). Em primeiro lugar somos chamados à VIDA! É nossa primeira e intransferível vocação: viver! E a vida começa e é perpassada (naturalmente) por crises: do NADA (não ser) ao SER; da infância à adolescência (e aí começa a autodeterminação); da adolescência à juventude; da juventude à idade adulta; da meia-idade à velhice; da velhice à morte (não ser ou ser diferente?). Mas como viver?

A autodeterminação ou autonomia (história do Pinóquio)

Pinóquio quer ser humano. Não possui família, história, nem consciência própria; **sua consciência está fora dele** (Grilo Falante, que fica "cricrizando" nos seus ouvidos). Não é autêntico, vai na onda dos outros, mente sobre si e para si (quando mente se desfigura como ser humano, o nariz cresce, nascem orelhas de burro...), foge das consequências de atos (foge para a Terra dos Brinquedos, onde tudo é uma maravilha!) que atribui aos outros e de suas responsabilidades. Espera "ser tornado" humano de forma mágica, se assumir sua responsabilidade de "ser". Porém se torna de carne e osso (humano) quando assume diante de sua própria consciência atos, consequências e responsabilidades, sem mentiras (não precisa, portanto, de um Grilo Falante).

Fugindo da vida

Fugir da vida é, como lembra Shakespeare em *Hamlet*, inventar formas de não ser autêntico e não olhar para o fim com coragem. Há várias formas de fazê-lo. Aqui trago três delas: **suicídio, drogas e *bullying*.**

a. Suicídio

Não nos "pertencemos" tão integralmente quanto gostaríamos de supor. Podemos decidir por nós mesmos, com critérios unicamente próprios, se a vida vale a pena ser vivida ou deve ser interrompida? É a capacidade de julgamento apropriado acerca da situação em que se encontra que constitui o ponto central a partir do qual as considerações teóricas acerca do suicídio são desenvolvidas. **Julgamento apropriado significa necessariamente ser "livre", ou seja, SABER, QUERER E, DE FATO, FAZER.** Saber bem julgar a fim de que se possa aquilatar o sentido do viver e do morrer é uma tarefa grandiosa, exigente. Donde vemos que há "razões" que possuem como fatores problemas patológicos (depressão, por exemplo) ou deliberações cujo julgamento racional está nublado por desajustes passionais, de fundo emocional. Viver sem "dignidade" é um motivo para não viver? Júlio César, por exemplo, não obstante ter sido assassinado por desafetos políticos e não poucas invejas pessoais, diz ter facilitado o próprio regicídio para não ter que conviver com a epilepsia e a velhice. No momento em que escrevo este capítulo, já está aprovado e em pleno uso o chamado suicídio assistido, ou eutanásia, por falta de "dignidade econômica" no Canadá! Ou seja, se a pessoa não consegue conviver com uma situação financeira aquém do necessário, pode escolher... morrer! É interessante que o Estado prefira matar seus cidadãos ao invés de resolver os problemas socioeconômicos em seu país. Que conveniente! Estamos todos, em alguma medida, "doentes" de falta de sentido para a vida. Para uma melhor compreensão dessa questão sugiro ler *O sentido da vida*, de Victor Frankl. O problema circunscreve-se novamente em torno da capacidade de bem julgar acerca do sentido que se dá à vida. A densidade subjetiva que a modernidade pôs à pessoa humana deixou-nos com uma sobrecarga de responsabilidade sobre as nossas escolhas, nossos julgamentos acerca do bem viver e do "bem morrer" que resultaram numa angústia existencial. **O suicida QUER A VIDA, porém está insatisfeito com as condições sob as quais vive** (há uma deusa hindu chamada Mãyã que é, justamente, a deusa da ilusão e dos suicidas). Ilusão é a palavra-chave. Queremos uma vida diferente, precisamente porque **o suicida não pode cessar de querer, opta por "cessar de viver"**. A questão acerca do valor da vida, do sentido que lhe damos, é uma tarefa totalmente individual, que requer um enorme consumo de energia psíquica. No entanto é também uma escolha multideterminada, que combina elementos internos e externos, todos eles colocados em um quadro referencial complexo e variável de indivíduo para indivíduo. Essa relação entre os desafios que a vida oferece e o modo como se vai reagir a eles depende da nossa capacidade de julgar acerca daquilo que queremos ou não, e de quanto queremos, para garantir a continuidade de nossa vida. Nos diz Camus: **"um gesto desses se prepara no silêncio do coração, da mesma maneira que uma grande obra..."**. Escolher abreviar a vida constitui uma espécie de confissão: a de que a vida foi maior, mais forte e que acabou por nos superar, ou que nossa capacidade racional chegou a um limite que nos impediu de compreender nossas próprias vidas. Se compreendemos que vivemos num mundo em que ilusões e certezas deixam de fazer sentido, acabamos nos sentindo como "estrangeiros". **A dor de viver, contudo, não constitui razão suficiente para que se eleja a morte adiantadamente.** Em face do "absurdo" que constitui esse "divórcio" entre o homem e sua vida é que se instaura nosso grande – talvez maior – desafio. Escolher por seguir vivendo. Encontrar um sentido para a vida e ser capaz de realizar esse sentido, aí está nosso grande desafio. O homem do passado, não muito distante, tinha a tradição (família, religião) que lhe dizia o que fazer (ainda os tem, mas quem os busca ou ouve?). Não sabendo o que tem e tampouco o que fazer, muitas vezes já não sabe mais o que, no fundo, quer. Assim, só quer o que os outros fazem ou só faz o que os outros querem, tal qual o personagem Pinóquio. Precisamos de algum auxílio a fim de que nossa capacidade de julgamento encontre um rumo novamente. O desespero de querer ser aquilo que somos parece nos condensar essa sensação e apontar para um caminho possível, talvez o único que nos restaria: a **AUTOTRANSCENDÊNCIA**. Precisamos olhar com olhar mais amplo, **tirarmo-nos do centro absoluto e único de nossas vidas** a fim de ampliarmos o sentido de buscar um alvo, um fim que seja mais abrangente que a mera satisfação imediata das nossas necessidades.

b. Drogas

Em grande parte, as considerações que expomos em relação ao suicídio podemos aplicar ao uso abusivo das drogas, lícitas ou ilícitas, já que essa prática denota uma "gradual", "homeopática" e fatal forma de se "retirar deste mundo", ao menos como o percebemos. É por isso que procuramos senti-lo e percebê-lo de outras formas que não a realidade. É um mundo de ilusão, particular na vivência e social nas consequências: alteramos toda a vida ao nosso redor, como uma pedrinha atirada ao lago cujas ondas se alastram até as margens mais afastadas (por isso dizer que só a pessoa sofre com as consequências do uso de drogas é uma falácia, um embuste, uma mentira e minimização). Ao agir sobre nosso sistema nervoso central a partir do córtex pré-frontal, modifica nossa sensação e posterior percepção da realidade deprimindo ou estimulando artificialmente nosso cérebro.

c. *Bullying*

Também o *bullying* está, ainda que indiretamente, inserido nesta dinâmica da busca por um sentido para a vida. Há um caminho de duas vias nesse fenômeno: o que sofre, o passivo, o agredido e o que agride, o ativo, o que violenta o outro. Mas ambos são "vítimas". Há uma projeção de frustrações egoístas em "telas" aparentemente "rasas", sem conteúdo, sem amor próprio. São presas fáceis de predadores da vida alheias, de parasitas. Cuidam da vida dos outros porque são incapazes de lidar com as próprias vidas sem sentido, sem propósitos, sem metas a não ser a de se levantar todos os dias e escolher um "alvo". Como se infernizar a vida dos outros fosse o "sentido" daquele dia (me lembra do Pink e Cérebro, todo os dias têm um plano para destruir o mundo!). Fora causas patológicas ou má índole, o que os motiva é "desmotivar", são fracassados ou se sentem assim. Casos conhecidos que extrapolam os indivíduos e se transformam em massacres denotam a falta de limites, do amor ao próximo e da **absoluta falta de empatia** com a humanidade. **Morre um pouco e aos poucos nos que ele mata, literalmente ou não.** Penso que nossa tarefa seja principalmente reforçar nossas próprias convicções pessoais, sermos pessoas fortes, preparadas para receber esse tipo de abordagem maléfica sem, no entanto, nos deixar abalar ou determinar pelo humor do outro. Nunca se sabe de onde e quando virão as ondas, mas a pedra está sempre no mesmo lugar, devemos focar nesta. Reparem que não credito o *bullying* somente ao cenário escolar, esse pode e, com frequência, ocorre em todos os ambientes, da escola passando pelo trabalho e mesmo nas famílias.

Conclusão

Todas essas considerações que aduzi apontam para a grande tarefa da vida: compreendermo-nos como partes de um contexto maior, no qual interagimos cotidianamente e do qual não conseguimos nos afastar de modo absoluto. Isso significa que, por mais "absurdo" que possa parecer estar vivo em meio a coisas, pessoas, valores que não respondem ou atendem integralmente às nossas demandas, porque não podem fazer isso, ainda assim vale a pena o esforço em prol de uma autoconstituição que nos permita uma integração entre o sentido que damos às nossas vidas e as possibilidades de que ele seja efetivamente atingido. **Devemos encontrar um acordo entre nós e o mundo, sermos capazes de esquecer de nós mesmos.** Somos sempre "aprendentes" e isso pode significar que **adoecemos muito frequentemente, seja por excesso de expectativas, seja por falta delas.** Aprender a julgar bem o que compreendemos por sentido da vida é nossa tarefa cotidiana, que sempre pode e deve ser feita levando-se em consideração os outros, nossas relações emocionais e afetivas que nos permitem perceber que, embora nossas vidas sejam absolutamente individuais, não precisam nos isolar do contato, da troca, do compartilhamento com os demais, transformando assim a produção de nossas vidas em obras com as quais possamos nos sentir satisfeitos. Filosofar ou simplesmente conversar acerca do sentido da vida pode nos permitir aliviar, em alguma medida, a dor de um semelhante, aproximando-nos dele com duas perguntas fundamentais: **onde dói? Como posso ajudar?**

DEPOIMENTOS

Depoimento 1

"Não deixe assim."

Este é um depoimento pessoal e verdadeiro. Em 1989 entrei para o Postulantado de uma Congregação católica no Rio Grande do Sul. Lá fiz muitas e grandes amizades, entre elas o meu querido amigo e também vocacionado G.C.M.A. Ele se mostrou um excelente professor, colega gentil, muito estudioso, sensível e um tanto rígido, moralmente falando. No ano seguinte fomos para o segundo ano da formação, em outro município. Nossa parceria e amizade intensificaram-se quando assumimos um trabalho social em uma ocupação, cujas crianças passaram a ser atendidas pela nossa escola, integralmente. Aulas bem planejadas e muitas peças de teatro caracterizavam nosso trabalho. Ao final do dia, antes de nos recolhermos, tínhamos o hábito de dar umas voltas no quarteirão, para conversar sobre tudo um pouco. Ao retornarmos tomávamos um chá, cujo "saquinho" compartilhávamos para economizar e era usado por até cinco dias! Eventualmente visitávamos nossas respectivas famílias durante o ano e sempre o fazíamos nas férias, ao final do ano letivo. Fui surpreendido, ainda durante as férias, com a notícia de que ele não voltaria no ano seguinte para iniciarmos o noviciado. Não deu muitas explicações, mas estava visivelmente abatido e mais fechado do que o habitual. Naquela época, evidentemente, não tínhamos celular, muito menos redes sociais. Perdemos o contato por muito tempo. Quando eu já era irmão professo, ele me procurou. Queria que eu fosse palestrar na sua paróquia, o que aceitei com alegria. Revê-lo se dedicando à Igreja e ao magistério da fé, como catequista, reacendeu minha confiança em seu bem-estar. Despedimo-nos alegremente. Nunca mais voltaria a vê-lo... vivo. Certo dia, em meados de 1994, ele me ligou, era uma sexta-feira. Voz embargada, titubeante, perguntou como eu estava. Devolvi a pergunta: *"Mais ou menos"*, disse ele. Indagou se eu poderia encontrá-lo para conversarmos pessoalmente. Eu estaria realmente muito ocupado naquele final de semana, mas disse que daria um jeito e daria, **se soubesse...** Suas últimas palavras para mim foram: *"Não, deixa assim"*. Insisti, mas se despediu com essas palavras. Ne segunda-feira recebo o telefonema de uma amiga que tínhamos em comum. Ela me disse: *"Léo, é sobre nosso amigo..."*. Eu caí sobre a cadeira. *"Ele não...?"*. *"Sim, ele se matou. Se enforcou na praia"*. Parei de sentir as pernas, os braços; a cabeça começou a girar. Fui imediatamente à casa dos pais dele, onde estava sendo velado. Marca da corda no pescoço, queixo negligenciadamente costurado, pois havia se partido no impacto. Família e amigos consternados e estupefatos. Para piorar minha dor e consciência pesada, a mãe dele me disse: *"Se vocês tivessem continuado a amizade, ele não teria feito isso!"*. Desde aquele dia, e até então, jamais "deixei assim", nunca, com ninguém, exceto... comigo mesmo. Repeti à exaustão esse "bordão" durante mais de 30 anos quando me referia a mim mesmo. Não sabia o que era depressão. Não me atentei aos sinais que mente e corpo davam, persistentes e evidentes. Pressão altíssima era o sintoma que mais frequentemente me afetava e levava à hospitalização. Em 1996, cheguei ao limite; depois de mais uma crise hipertensiva e internação fui chamado à Casa Provincial, a nossa sede em Porto Alegre, para conversar com um de nossos formadores. Não mencionamos o termo "depressão" uma única vez. Aliás, nunca em toda a minha formação essa questão foi levantada: não comigo; não com o G. Precipitei-me e pedi a saída permanente da Ordem, para perplexidade do superior, confrades e da minha família. Para meu alívio consegui logo um emprego, como professor do ensino médio, e intensifiquei meu trabalho com prevenção e recuperação de dependentes químicos. Muita ocupação e sucessos nessa área me mantiveram bem durante anos. Inclusive realizei meu sonho de infância de conhecer a Europa, Roma, o Vaticano e.... o papa! Sim, conheci São João Paulo II ao representar a Conferência Nacional dos Bispos do Brasil (CNBB) numa conferência mundial sobre o combate às drogas. Também tive a oportunidade de participar da Jornada Mundial da Juventude por ocasião do Jubileu do Milênio, em 2000. Estava feliz, mas sempre ansioso, frustrado, com algo a me corroer por dentro. A perda do emprego, por estar sempre viajando em função do meu "ministério" com os jovens, me abalou, e muito. O emprego formal me proporcionava renda para realizar o trabalho benemérito e gratuito. A partir do início deste século intercalei trabalhos "mais ou menos" formais com períodos de desemprego. Sempre ansioso, sempre triste, apesar do "sucesso" evidente e nacionalmente reconhecido na "causa" da dependência química. Então chegou o ano de 2003, talvez o pior de minha vida; sem dúvidas um "divisor" de águas. Em janeiro desse ano, durante um curso que eu coordenava, tentei o suicídio. Decepcionei todos: alunos, amigos, familiares, especialmente minha mãe. No hospital me disse: *"Nunca mais faz isso, me promete!"*. O que me leva de volta ao ano de 1989. Pouco antes de iniciarmos o ano de estudos, realizamos um retiro espiritual, em Forqueta, região de Caxias do Sul, na Serra Gaúcha. O local é uma belíssima casa de retiros que leva o nome de São João da Cruz. Éramos uma boa turma, com jovens de Santa Catarina, Paraná, São Paulo e Rio Grande do Sul. Foi um retiro estilo inaciano, no qual a oração e meditação pessoal se sobrepunham aos momentos de encontro, ou seja, passávamos o dia "a sós", com Deus e nós mesmos. O texto bíblico referencial daquele dia era a cena do Calvário ou Gólgota (que significa "lugar da caveira") relatado em Mateus 27, Marcos 15, Lucas 23 e João 19. Retirei-me a um lugar afastado, sob uma floresta de pinheiros (ou poderiam ser eucaliptos?). Sentei-me escorado a uma dessas árvores, de frente a um bonito lago (ou açude?), e comecei a ler a passagem bíblica:

> [33]*Quando chegaram ao lugar chamado Caveira, ali o crucificaram com os criminosos, um à sua direita e o outro à sua esquerda.*

³⁴Jesus disse: "Pai, perdoa-lhes, pois não sabem o que estão fazendo". Então eles dividiram as roupas dele, tirando sortes.

³⁵O povo ficou observando, e as autoridades o ridicularizavam. "Salvou os outros", diziam: "Salve-se a si mesmo, se é o Cristo de Deus, o Escolhido."

³⁶Os soldados, aproximando-se, também zombavam dele. Oferecendo-lhe vinagre, ³⁷diziam: "Se você é o rei dos judeus, salve-se a si mesmo".

³⁸Havia uma inscrição acima dele, que dizia: ESTE É O REI DOS JUDEUS.

³⁹Um dos criminosos que ali estavam dependurados lançava-lhe insultos: "Você não é o Cristo? Salve-se a si mesmo e a nós!"

⁴⁰Mas o outro criminoso o repreendeu, dizendo: "Você não teme a Deus, nem estando sob a mesma sentença? ⁴¹Nós estamos sendo punidos com justiça, porque estamos recebendo o que os nossos atos merecem. Mas este homem não cometeu nenhum mal".

⁴²Então ele disse: "Jesus, lembra-te de mim quando entrares no teu Reino".

⁴³Jesus lhe respondeu: "Eu garanto: Hoje você estará comigo no paraíso".

⁴⁴Já era quase meio-dia, e trevas cobriram toda a terra até as três horas da tarde; ⁴⁵o Sol deixara de brilhar. E o véu do santuário rasgou-se ao meio.

⁴⁶Jesus bradou em alta voz: "Pai, nas tuas mãos entrego o meu espírito". Tendo dito isso, expirou.

⁴⁷O centurião, vendo o que havia acontecido, louvou a Deus, dizendo: "Certamente este homem era justo".

> ⁴⁸*E todo o povo que se havia juntado para presenciar o que estava acontecendo, ao ver isso, começou a bater no peito e a afastar-se.*
>
> ⁴⁹*Mas todos os que o conheciam, inclusive as mulheres que o haviam seguido desde a Galileia, ficaram de longe, observando essas coisas.*

Em determinado momento, percebi que a paisagem começou a mudar. Uma névoa espessa começou a se dirigir ao bosque em que eu me encontrava, subindo do lago. Tomou conta do espaço deixando apenas três grandes árvores, posicionadas uma ao lado da outra, visíveis. De repente comecei a ouvir um burburinho que, num crescendo, se transformou em gritos, choros, blasfêmias. À minha frente, agora, havia uma multidão de pessoas vestidas à moda do Oriente Médio, mas antigas e algumas imponentes. As três árvores eram madeiros e estavam ocupados; terrivelmente ocupados. Homens pendiam deles, andrajosos, feridos, maltratados. O do meio havia claramente sido mais ultrajado e flagelado do que os outros dois; era sangue e suor, dor e sofrimento. Mas, estranhamente, conservava uma dignidade e postura quase imperiais e uma resignação solene, diz-nos Isaías:

> *2. Cresceu diante dele como um pobre rebento enraizado numa terra árida; não tinha graça nem beleza para atrair nossos olhares, e seu aspecto não podia seduzir-nos.*
>
> *3. Era desprezado, era a escória da humanidade, homem das dores, experimentado nos sofrimentos; como aqueles, diante dos quais se cobre o rosto, era amaldiçoado e não fazíamos caso dele.*
>
> *4. Em verdade, ele tomou sobre si nossas enfermidades, e carregou os nossos sofrimentos: e nós o reputávamos como um castigado, ferido por Deus e humilhado. (Is 53)*

Percebi que olhava para mim; um convite implícito a me aproximar. E o fiz. Passei por pessoas que estavam próximas e também elas perceberam minha presença, gentis. Aos pés do crucificado, ouvi-o dizer: "Podes te aproximar, tens coragem de subir aqui, comigo?". Respondi que sim. E quando percebi já estava crucificado, com Ele. A dor era lancinante e podia ver o mundo inteiro. Então Ele me disse: "Sentirás esta dor novamente, mas por egoísmo. Esquecerás o sentido que lhe dei na cruz e acharás que não há dor maior que a tua. Te recusarás a carregar a cruz que te permiti e abrirás mão da redenção que ela proporciona". Em instantes estava junto à árvore, e o Gólgota havia desaparecido. Vejam bem, poderia ter sido uma ilusão, um momento de êxtase proporcionado por uma fé juvenil, um querer participar de algo grande que tinha tudo para se realizar. Mas convenhamos que o que vi e ouvi não foram exatamente o que esperava. O Servo Sofredor afirmou que meu futuro seria inglório e que eu não faria jus ao Seu amor. **Eu seria vencido pela dor.**

Pude entender, afinal, todo o significado desta experiência quando cortei meus pulsos naquele dia fatídico, 14 anos depois, no auge do meu trabalho e reconhecimento. Sob o chuveiro ligado, sentado e com o sangue literalmente "indo pelo ralo", sentindo a dor dos pulsos abertos, lembrei do que o Senhor havia me dito. No entanto foi à Senhora que estava aos pés da cruz que recorri. Nem uma palavra ouvi da boca dela naquela ocasião, mas seu olhar compassivo e terno pareciam dizer: "Te entendo... sei bem o que é a dor... mas acredito no meu Filho... vai passar". Pedi a Deus um sinal de que iria passar, de que Ele me queria vivo, de que encontraria um sentido para aquilo tudo, de que havia esperança. A essa altura eu já não sentia as minhas pernas e estava quase perdendo os sentidos. Com um rosário na mão, me entreguei. Então senti uma paz que não sentia há muito tempo e um formigamento nos pulsos. A veias que estavam cortadas e à mostra se dobraram nas pontas e o sangue parou de escorrer; não havia mais dor alguma e meus olhos como que se abriram e pude perceber todo o horror da situação e toda a misericórdia que me havia sido dispensada. Bebi a água que escorria em direção ao ralo e decidi viver. Recomecei minha vida do zero. Fui morar em outro estado, trabalhando com algo inédito para mim, fazendo novos amigos e trilhando novos caminhos. Meses depois voltei ao Rio Grande do Sul e retomei meu trabalho com os dependentes químicos e suas famílias. Nunca mais tentei tirar minha vida, embora o tenha pensado. Tive crises seríssimas, internação por colapso mental e depressão aguda, mas desta vez pedi ajuda. Medicação e psicoterapia foram e continuam sendo essenciais, no meu caso. A espiritualidade, a Igreja e a leitura me mantêm disposto e bons amigos me ouvem e estão frequentemente me visitando e dando o seu apoio. Resolvi carregar minha cruz e chegar à redenção, pois sem aquela não há esta.

Depoimento 2 (*ipsis litteris*)

Eu não lembro quando nem onde tudo começou. De repente, o mundo mudou e as coisas perderam o sentido. Minhas esperanças foram se esvaindo aos poucos e até as coisas que eu mais amava fazer se tornaram grandes fardos para mim. Levantar-me da cama, comer e abrir as janelas eram tarefas penosas.

Um sussurro em meu ouvido me dizia: "Não vale a pena", "As pessoas são todas assim", "Ninguém se importa com você", "Se você morresse, quem sentiria sua falta?". E eu respondia: ninguém. Para mim, era verdade. Afinal, por que estou neste mundo? A voz me dizia: "Isso tudo é uma coincidência, não há respostas, tudo é incerto e duvidoso". Deus parecia ter me esquecido.

Eu questionava tudo, tudo era relativo. A tristeza virou frustração, que virou raiva, que virou indiferença. Eu estava sendo envenenado pelos meus próprios pensamentos. Eles eram intrusivos e a felicidade parecia inalcançável. Eu me deixei levar pelos vícios: a bebida anestesiava minha consciência, o cigarro consumia meu tempo.

Suportar o dia a dia era uma batalha. Mas eu estava cansado, cansado de lutar, de não ter esperança, de não ter rumo, de sentir que ninguém me compreendia. Até que eu percebi que o demônio que me cercava tinha um nome. Ele se alimentava de tudo que havia em mim, usando o meu passado para me destruir. Demorou para que eu conseguisse controlá-lo. Agora ele está preso aqui dentro. Mas ele está lá, e não pode ser negligenciado. Ele volta, ele sempre volta.

(I.M.)

RESUMINDO QUEM SOMOS E O QUE FAZEMOS

Somos um grupo de entreajuda para pessoas que são depressivas ou estão deprimidas.

O anonimato é fundamental e será respeitado incondicionalmente.

Baseamos nossa filosofia de trabalho no já mundialmente conhecido, e reconhecido, itinerário espiritual de Alcoólicos Anônimos – AA – os Doze Princípios e Tradições.

NÃO somos, nem seremos vinculados a Igreja, partido, movimento político ou qualquer outra instituição congênere e o proselitismo religioso ou partidário não serão tolerados nas reuniões.

NÃO somos orientados por uma corrente ou escola psicológica específicas, embora possam aparecer citações ou posturas que estejam vinculadas a umas ou outras.

Nossas reuniões são de escuta e ajuda mútua, nas quais se discutem abordagens científicas sobre a depressão e a espiritualidade tem um papel essencial – e como tal, será abordada e por todos respeitada.

As reuniões **não** são "terapêuticas" no sentido estrito da palavra, ou seja, não constituem aconselhamento profissional, portanto não formulamos, atestamos nem fornecemos encaminhamentos, laudos, diagnósticos ou prognósticos.

Técnicos são bem-vindos, mas titulações ou atividades profissionais não serão destacadas ou privilegiadas de qualquer forma no grupo.

Fora das reuniões, mantido o Código de Ética, relações interpessoais ou profissionais são única e exclusivamente de responsabilidade dos envolvidos, desde que não afetem o anonimato dos demais partícipes do grupo.

COMO FUNDAR UM GRUPO DE DEP-ANON BRASIL® EM SUA CIDADE?

Para fundar um grupo de Dep-Anon Brasil® em sua cidade basta seguir estes passos:

1. Entre em contato conosco pelo e-mail: depanonbr@gmail.com.
2. No e-mail, coloque seus dados de identificação completos: nome, data e local de nascimento, estado civil, CPF, local onde mora e telefone de contato para WhatsApp. Também explique como soube do grupo e quais as motivações para iniciar o programa em sua cidade.
3. Defina e confirme um local para realizar as reuniões em sua cidade.
4. Em caso de aprovação da postulação, coloque horários disponíveis para realizar videoconferências de formação via WhatsApp ou outro aplicativo.
5. Mande confeccionar os banners do grupo de apoio (pode colocar logos de eventuais patrocinadores desde que sigam os critérios do Dep-Anon Brasil®, que constam desta publicação). Os modelos estão disponíveis e devem ser reproduzidos fielmente, lembrando que o Dep-Anon Brasil® tem sua marca registrada no Instituto Nacional da Propriedade Industrial (INPI).
6. Realize divulgação por meio de panfletos com as informações que constam em nosso modelo.

7. Mantenha-nos informados sobre o andamento do processo de criação do grupo e, posteriormente, da data da primeira reunião. Se possível, alguns membros de nossos grupos se farão presentes.

8. Siga as orientações que constam no título "Estrutura das reuniões".

VOCÊ APRENDE...

Depois de algum tempo você aprende a diferença, a sutil diferença entre dar a mão e acorrentar uma alma.

E você aprende que amar não significa apoiar-se, e que companhia nem sempre significa segurança.

E começa a aprender que beijos não são contratos e presentes não são promessas.

E começa a aceitar suas derrotas com a cabeça erguida e olhos adiante, com a graça de um adulto e não com a tristeza de uma criança.

E aprende a construir todas as suas estradas no hoje, porque o terreno do amanhã é incerto demais para os planos, e o futuro tem o costume de cair em meio ao vão.

Depois de um tempo você aprende que o Sol queima se ficar exposto por muito tempo.

E aprende que não importa o quanto você se importe, algumas pessoas simplesmente não se importam...

E aceita que não importa quão boa seja uma pessoa, ela vai feri-lo de vez em quando e você precisa perdoá-la por isso.

Aprende que falar pode aliviar dores emocionais.

Descobre que se levam anos para se construir confiança e apenas segundos para destruí-la, e que você pode fazer coisas em um instante, das quais se arrependerá pelo resto da vida.

Aprende que verdadeiras amizades continuam a crescer mesmo a longas distâncias.

E o que importa não é o que você tem na vida, mas quem você tem na vida.

E que bons amigos são a família que nos permitiram escolher.

Aprende que não temos que mudar de amigos se compreendemos que os amigos mudam, percebe que seu melhor amigo e você podem fazer qualquer coisa, ou nada, e terem bons momentos juntos.

Descobre que as pessoas com quem você mais se importa na vida são tomadas de você muito depressa, por isso sempre devemos deixar as pessoas que amamos com palavras amorosas, pode ser a última vez que as vejamos.

Aprende que as circunstâncias e os ambientes têm influência sobre nós, mas nós somos responsáveis por nós mesmos.

Começa a aprender que não se deve comparar com os outros, mas com o melhor que pode ser.

Descobre que se leva muito tempo para se tornar a pessoa que se quer ser, e que o tempo é curto.

Aprende que não importa aonde já chegou, mas onde está indo, e se você não sabe para onde está indo, qualquer lugar serve.

Aprende que ou você controla seus atos ou eles o controlarão, e que ser flexível não significa ser fraco ou não ter personalidade, pois não importa quão delicada e frágil seja uma situação, sempre existem dois lados.

Aprende que heróis são pessoas que fizeram o que era necessário fazer, enfrentando as consequências.

Aprende que paciência requer muita prática.

Descobre que algumas vezes a pessoa que você espera que o chute quando você cai é uma das poucas que o ajudam a levantar-se.

Aprende que maturidade tem mais a ver com os tipos de experiência que se teve e o que você aprendeu com elas do que com quantos aniversários você celebrou.

Aprende que há mais dos seus pais em você do que você supunha.

Aprende que nunca se deve dizer a uma criança que sonhos são bobagens, poucas coisas são tão humilhantes e seria uma tragédia se ela acreditasse nisso.

Aprende que quando está com raiva tem o direito de estar com raiva, mas isso não lhe dá o direito de ser cruel.

Descobre que só porque alguém não o ama do jeito que você quer que ame não significa que esse alguém não o ama com tudo o que pode, pois existem pessoas que nos amam, mas simplesmente não sabem como demonstrar ou viver isso.

Aprende que nem sempre é suficiente ser perdoado por alguém, algumas vezes você tem que aprender a perdoar-se a si mesmo.

Aprende que com a mesma severidade com que julga você será em algum momento condenado.

Aprende que não importa em quantos pedaços seu coração foi partido, o mundo não para para que você o conserte.

Aprende que o tempo não é algo que possa voltar para trás.

Portanto, plante seu jardim e decore sua alma, ao invés de esperar que alguém lhe traga flores. E você aprende que realmente pode suportar... que realmente é forte e que pode ir muito mais longe depois de pensar que não se pode mais. Que realmente a vida tem valor e que você tem valor diante da vida! "Nossas dádivas são traidoras e nos fazem perder o bem que poderíamos conquistar, se não fosse o medo de tentar."

Veronica A. Shoffstall

(Não, não foi William Shakespeare!)

REFERÊNCIAS

6 DICAS para Ressignificar a Vida e ter mais Equilíbrio Emocional. *Dayane Faria*, [s. l.], 2024c. Disponível em: https://dayanefaria.com.br/6-dicas-para-ressignificar-a-vida-e-ter-mais-equilibrio-emocional/#:~:text=Ressignificar%20a%20sua%20vida%20%C3%A9,mente%2C%20moldando%20quem%20voc%C3%AA%20%C3%A9. Acesso em: 27 mar. 2024.

A DEPRESSÃO além dos sintomas clássicos. Saiba reconhecer até 8 tipos de depressão. *Medley*, São Paulo, 2022c. Disponível em: https://www.medley.com.br/podecontar/preciso-ajuda/tipos-depressao-e-mitos. Acesso em: 27 mar. 2024.

AIDAR, L. A criação de Adão: análise da obra de Michelangelo. *Toda Matéria*, [s. l.], c2011-2024. Disponível em: https://www.todamateria.com.br/a-criacao-de-adao-michelangelo/. Acesso em: 27 mar. 2024.

AIDAR, L. Ser ou não ser, eis a questão: significado da frase. *Cultura Genial*, [20--?]. Disponível em: https://www.culturagenial.com/ser-ou-nao-ser-eis-a-questao/. Acesso em: 26 dez. 2023.

ALCOÓLICOS Anônimos Atinge a Maioridade. EUA: Editora Alcoholics Anonymous World, 1985.

ALVES, R. *O Amor que acende a luz*. 15. ed. Campinas: Papirus, 2011

BÍBLIA de Jerusalém. São Paulo: Editora Paulus, 1981.

CAIRUS, HF.; RIBEIRO JR., WA. *Textos hipocráticos*: o doente, o médico e a doença [on-line]. Rio de Janeiro: Editora FIOCRUZ, 2005. 252 p. (Coleção História e Saúde).

CHAVE Bíblica Católica. São Paulo: Editora Ave-Maria, 2012.

CONGREGAÇÃO PARA A DOUTRINA DA FÉ. *Carta aos Bispos da Igreja Católica Acerca de Alguns Aspectos da Meditação Cristã*. 15 out. 1989. Disponível em: https://www.vatican.va/roman_curia/congregations/cfaith/documents/rc_con_cfaith_doc_19891015_meditazione-cristiana_po.html. Acesso em: 27 mar. 2024.

COSTA, M. Você é um procrastinador? *Maurícia Costa Psicóloga*, 2013. Disponível em: https://psicologamauricia.com.br/procrastinar.php. Acesso em: 17 jan. 2024.

DANTAS, E. Por uma "Igreja em saída". *Vida Pastoral*, [s. l.], ano 61, n. 331, p. 30-37, fev. 2020. Disponível em: https://www.vidapastoral.com.br/edicao/por-uma-igreja-em-saida/. Acesso em: 27 mar. 2024.

DEPRESSÃO, doença da autonomia? Entrevista de Alain Ehrenberg a Michel Botbol. *Ágora*, Rio de Janeiro, v. VII, n. 1, p. 143-153, jan./jun. 2004. Disponível em: https://www.scielo.br/j/agora/a/wHfWfz3Gth3d-6vCJZvrMhcw/. Acesso em: 27 mar. 2024.

DEPRESSED Anonymous Literature. *Depressed Anonymous*, [s. l.], 2024c. Disponível em: https://depressedanon.com/literature. Acesso em: 27 mar. 2024.

DR. Bob e os Bons Veteranos. EUA: Editora Alcoholics Anonymous World, 1988.

FRANCA S. J., Pe. L. *A Formação da Personalidade*. 2. ed. Campinas: CEDET, 2019.

MELLO, Pe. F. de. *Quando o sofrimento bater à sua porta*. 24. ed. São Paulo: Editora Canção Nova, 2008.

MENEZES, M. S. C. de. *O que é Amor Exigente*. 16. ed. São Paulo: Edições Loyola, 1998.

MORAES, R. J. de. *As Chaves do Inconsciente*. 4. ed. Rio de Janeiro: Agir Editora, 1989.

PROGRAMA de 12 passos. *Wikipedia*, [s. l.], 2024c. Disponível em: https://pt.wikipedia.org/wiki/Programa_de_12_passos. Acesso em: 27 mar. 2024.

RESSIGNIFICAR. *ABL*, [Rio de Janeiro], 2024c. Disponível em: http://www2.academia.org.br/nossa-lingua/nova-palavra/ressignificar. Acesso em: 27 mar. 2024.

SANTOS, L. N. dos; MARTINS, André. A originalidade da obra de Georg Groddeck e algumas de suas contribuições para o campo da saúde. *Interface - Comunic., Saúde, Educ.*, [s. l.], v. 17, n. 44, p. 9-21, jan./mar. 2013. Disponível em: https://www.scielo.br/j/icse/a/yJ6cjwB9RqBXFS-DTSQGp6zK/. Acesso em: 27 mar. 2024.

SILVA, L. T. L. da. Origens da psicossomática e suas conexões com a Medicina na Grécia antiga. *Analytica*, São João del-Rei, v. 5, n. 8, p. 49-79, jan./jun. 2016. Disponível em: http://pepsic.bvsalud.org/pdf/analytica/v5n8/04.pdf. Acesso em: 27 mar. 2024.